AF257821

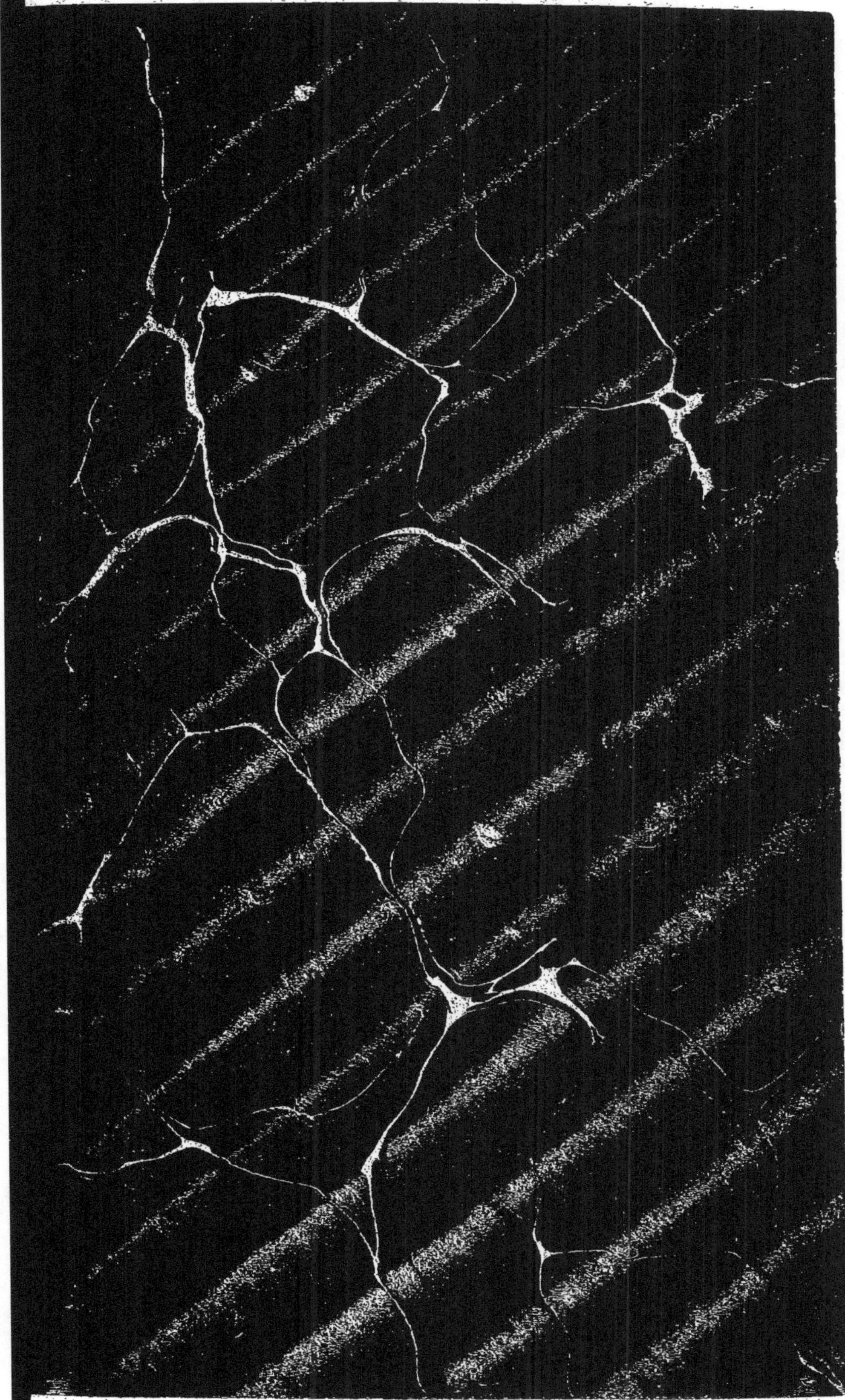

L'ÉMIGRÉ

PUBLIÉ

PAR

M. DE MEILHAN

*ci - devant intendant du Pays d'Aunis,
de Provence, Avignon et du Hainaut,
et intendant - général de la guerre et
des armées du roi de France etc. etc.*

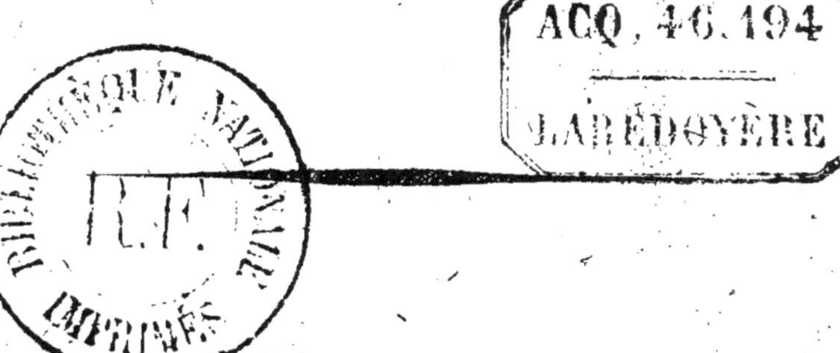

TOME TROISIEME.

A BRUNSVICK

chez P. F. Fauche et Compagnie.

1797.

3.me Vol. pag. 96.
L. du Pré inv.
J. J. Wagner sc.

L'ÉMIGRÉ.

L'ÉMIGRÉ.

LETTRE LXXXVI.

Le Président de Longueil
au
Marquis de St. Alban.

Je ne suis point surpris, mon cher Marquis, de l'article que vous avez lû dans les papiers publics, concernant ma bibliothèque, que la nation a mise en vente; et je vous dirai ce qu'un homme de lettres a dit en pareil cas : *je n'aurais guères profité de mes livres, si je ne savais pas les perdre.* C'est pour vous que je la regrette ; mon deffein était de vous prier de l'accepter à l'époque de votre mariage, lorsque vous àuriez habité votre hôtel ; mais au reste, mon cher et jeune ami, si nous examinions attentivement quels doivent être les effets de la Révolution fur les esprits, la perte que vous faites vous paraîtra peu fenfible. Le cours des idées augmente ou diminue le prix des chofes, et dirige vers d'autres objets l'intérêt et la curiofité. Ma bibliothèque était compofée en grande partie de livres fur la juris-prudence et fur l'hiftoire de France ; un de mes oncles, qui était évêque, m'avait laiffé une collection complette des procès-verbaux du Clergé, qui était alors d'un grand prix ; un miffel

Mozarabe et une bible de Mayence, qui lui avaient coûté deux cents Louis ; enfin une multitude d'ascétiques, de théologiens, de controverſites, de ſermonnaires. Cette partie de ma bibliothèque, à quelques volumes près de ſermons éloquens, n'avait pas plus de prix à mes yeux, que les doſſiers de livres faits pour remplir des espaces vides. On a fait autrefois de la religion une ſcience arbitraire, qui eſt devenue l'objet des méditations d'un nombre infini d'hommes à un génie ardent et ſubtil ; mais les coatroverſes ſont paſſées de mode, et les gens ſages s'en tiennent au ſeul livre qui ne vient pas des hommes, à l'Evangile. C'eſt par faſte, ou par l'effet d'une vague curioſité, bien éloignée du véritable déſir de connaître, qu'on raſſemble un grand nombre de livres de tout genre, et ce que dit SENEQUE à ce sujet est fort sensé: ,,Voulez-vous que l'é- ,,tude laisse dans votre esprit des ,,traces durables? bornez-vous à ,,quelques auteurs pleins de génie, ,,et nourrissez-vous de leur sub- ,,stance. Etre par tout c'est n'être ,,nulle part. Une vie passée en ,,voyage procure beaucoup d'hôtes ,,et pas un ami. Il en est de même ,,de ces lecteurs précipités, qui sans ,,prédilection pour aucun écrivain, ,,parcourent à la hâte tous les li- ,,vres." Goûter d'une foule de mets annonce un estomac blasé. Les bibliothèques, qui contiennent par delà une certaine quantité de livres, peuvent être comparées aux dictionnaires qu'on ne lit pas, mais auxquels on a quelquefois recours. Il suffit pour les particuliers qu'il y ait de grandes bibliothèques publiques,

qu'ils puiffent confulter dans l'occafion, et qui feront toujours bien
plus complettes. J'ai parcouru les
catalogues de la bibliothèque Ambroi-
fienne, et de celle du Vatican, et
fur vingt mille volumes de ces im-
menfes collections, il n'y en a pas
cent qui offrent rien d'intéreffant à
la curiofité d'un homme, dont l'esprit
a fuivi la marche de fon fiècle. Que
lui fait là reftitution d'un paffage
dans une homélie de St. CHRYSOS-
TOME, et combien eft peu intéres-
sante aujourd'hui la fameufe hiftoire
du concile de Trente? Je ne vois
rien de curieux dans cette affemblée,
fi ce n'eft que les Cardinaux y dan-
sèrent. Tous les ouvrages peuvent
être rangés dans quatre claffes: dans
la première font ceux de pure éru-
dition, et qui ne font bons qu'à
être confultés. Les productions de

la plupart des auteurs qui ont écrit jusqu'au milieu du 17. siècle, font de ce genre; on ne mettait alors au rang des bons livres, que ceux dans lesquels étaient citées beaucoup d'autorités. MENAGE, dit, en parlant d'un de ces ouvrages, il y a telle page où se trouvent vingt et une éruditions. Qui dirait qu'on s'est occupé pendant plusieurs années de savoir combien avait duré l'action *de l'Heautontimorumenos?*

Dans la seconde classe se trouvent ceux qui ont dû leurs succès à l'esprit de parti, au goût dominant, ou aux préjugés du temps où ils ont été écrits, et ils peuvent être comparés aux ouvrages de société, qui perdent tout leur prix, lorsqu'ils sont transplantés dans une autre. Les *lettres Provinciales,* les ouvrages de St. EVREMONT, et une multitude d'autres bien inférieurs, font de ce nombre.

Dans la troiſième claſſe font ceux qui traitent d'objets intéreſſans par eux-mêmes, mais qui ne préſentent que les premiers élans de l'esprit, de premiers aperçus et des fyſtèmes trompeurs, qui ont féduit dans un temps où les esprits étaient encore peu avancés; tels font les ouvrages de DESCARTES, de MALLEBRANCHE, ceux de GROTIUS; ils reſſemblent à un échafaudage qu'on enlève quand le bâtiment eſt conſtruit.

Dans la quatrième claſſe font ceux dans lesquels l'auteur a atteint, à peu près, le degré où peut s'élever l'esprit humain, fur un fujet donné; tels font les ouvrages de LOCKE, et ceux de NEWTON; enfin dans cette claſſe, très-peu nombreuſe, font les ouvrages où règnent, non les fentimens

et le goût du moment, mais la fim-
plicité, la grâce, l'élévation et la
force des idées, l'énergie du fentiment et le charme du ftyle: tels font
ceux de CORNEILLE, de RACINE,
de VOLTAIRE, de MONTESQUIEU,
de là BRUYERE, de la ROCHEFOU-
CAUT, de la FONTAINE, les lettres
de SEVIGNE', etc.

J'avais beaucoup de livres fur le
droit public, étudié en Allemagne avec
tant d'application et fi négligé en
France; mais cette fcience, qui fixe
les rapports généraux des peuples, et
la conftitution de plufieurs, ceffera
bientôt d'occuper les esprits, parce
que l'édifice Gothique, dont elle
donne la description, eft miné de
toutes parts. Les traités de politique
et tout ce qui eft relatif à cette fameufe balance de l'Europe tomberont
auffi dans l'oubli, parce que les rapports

des peuples font changés, que l'ambition n'a plus pour objet la feule
domination, mais la quantité de nu-
méraire et l'accroiffement du commerce. De la jurisprudence romaine
il ne fubfiftera que ce qui eft fondé
fur le droit naturel, et les coutumes
particulières, fouvent auffi nuifibles
que bizarres, feront remplacées par
de fages règlemens, auxquels feront
également foumis tous les peuples du
même empire. Les orateurs du bar-
reau cefferont auffi d'être lûs avec
intérêt, lorsqu'on n'aura plus befoin
d'y chercher des raifons et des exemples à l'appui de droits qui n'exifte-
ront plus, et l'éloquence qui brille
dans plufieurs ne les foutiendra pas.
Des plaidoyers fur un mur mitoyen,
un teftament, une fubftitution feront
entièrement éclipfés par des discours
et des motions fur les plus grands

objets de la législation, fur la politique, la guerre et la paix. La révolution de la France, unique dans fon espèce, a donné aux esprits une commotion violente, qui leur a fait parcourir en tous fens les fentiers de l'économie politique et de la législation. Les Français, charmés de leur indépendance, fe font livrés aux plus téméraires conceptions ; ils ont détruit, mais ils ont en même temps creufé, porté la lumière dans les routes les plus obscures, et ils en ont ouvert de nouvelles et forcé les barrières élevées par le préjugé. Un jour viendra où dans le calme on examinera ces nombreufes discuffions enfantées au milieu du tumulte et de l'effervescence de l'esprit de parti, et l'on fera paifiblement un choix éclairé de réfultats utiles à l'humanité. La peine de mort fera un jour abolie, et

n'eſt-il pas étonnant que ce ſoit en
faiſant couler des flots de ſang, que
ce ſoit, aſſis ſur des monceaux de ca-
davres, que le Français aura enſeigné
aux nations à respecter la vie de
l'homme (*) ? A-t-on en effet le
droit de priver un homme de ce qu'on
ne lui a pas donné ? La loi n'exerce
pas de vengeances, comment peut-
elle prescrire la mort, qui ne peut
être un remède au mal qui eſt arrivé ?
C'eſt en vain qu'on a répété que le
ſupplice de mort ſervait à prévenir
d'autres crimes, l'expérience apprend
que dans les pays où les ſupplices
ſont les plus multipliés et les plus
cruels, les crimes ne ſont pas moins

____

(*) L'infame tyran de la France a le premier propoſé à l'aſſemblée conſtituante l'abo-
lition de la peine de mort.

communs. Les jurys en matière criminelle ne peuvent manquer d'être
établis, et dès - lors vous voyez crou-
ler toute la partie de ma bibliothèque
relative à la jurisprudence criminelle.

Je m'arrête un instant, mon cher
Marquis, parce que je crois vous
entendre me reprocher, en lisant cette
lettre, que je fais l'éloge de la Révolution; mais si je vous disais que
j'ai vu des enfans, qui, au sortir d'une
terrible maladie, avaient considéra-
blement grandi, serait - ce faire l'é-
loge de la maladie ? La Révolution
a de même hâté la marche de l'esprit; mais cet avantage ne sera jamais
la compensation de la millième partie
des désordres et des barbaries qui
ont fait gémir l'humanité; et quand
la plus grande prospérité devrait un
jour découler de cette sanglante source,
je dirais toujours avec Publius

Syrius : *Abominandum remedii ge-
nus debere salutem morbo.*

Je pourſuis mon examen. J'avais
un recueil conſidérable d'édits et de
règlemens ſur les impôts, ils ne feront
plus même conſultés, lorsque l'art du
Financier, qui eſt à la ſcience de l'é-
conomie politique, ce qu'eſt la chicane
à la jurisprudence, réduit à la per-
ception de taxes uniformes, ne fera
plus un objet d'étude. Les ouvrages
ſur l'hiſtoire de France, dont j'avais
une ample collection, quelque foit le
régime ſubſtitué un jour à l'anarchie
ſanglante qui déſole la France, doivent cesser d'être recherchés, ſi l'on
conſidère que l'intérêt eſt le ſeul
principe d'une curioſité ſoutenue;
tous les hommes, ſans qu'ils s'en
rendent compte, cherchent dans
l'hiſtoire de leur pays des choſes
favorables ou glorieuſes, pour leur

claſſe et leur état: le noble eſt em-
preſſé d'y lire les privilèges dont ont
joui ſes ancêtres; les prêtres, l'auto-
rité qui était le partage du clergé,
et ces connoiſſances leur fourniſſent
dans l'occaſion, des argumens dont
ils s'étayent. Les changemens qu'aura ſubi le gouvernement, recon-
ſtruit même ſur les anciennes baſes,
rendront cette lecture moins intéres-
sante. Les détails relatifs à l'intérieur des cours, dont l'avide malignité, ou la curioſité aimaient à ſe
repaître, n'auront plus le même intérêt: la toute puiſſance de RICHE-
LIEU, qui frappait les esprits de
crainte et d'admiration; les factions,
dont la plupart avaient leur ſource
dans les intrigues de cour; le pouvoir et le faſte des grands, enſuite
l'éclat du règne de LOUIS XIV, et
l'enthouſiasme de la nation pour ſa

perfonne, toutes ces circonftances faifaient porter des regards avides fur les plus petites particularités relatives à des hommes qui faifaient tout mouvoir à leur gré; on fe plaifait à y chercher les principes des plus grands événemens; auffi après ces grands événemens de l'hiftoire générale, fur laquelle ils influaient, ces détails étaient ce qu'il y avait de plus intéreffant; mais d'ici à un long temps, les Grands n'en impofèrent plus autant. On fe fouviendra d'avoir vu leurs pères, leurs parens réduits à la plus déplorable fituation, et plufieurs, obligés de vivre de leur induftrie; la perte de leurs biens leur interdira long-temps cet éclat extérieur, qui joint au rang et à la naiffance, inspirait le respect et l'admiration. Enfin l'effor que toutes les claffes ont pris, a familiarifé les

hommes d'un état obscur, avec l'exercice des plus grands emplois, et il
en doit réfulter, que la multitude
n'aura plus le profond respect dont
elle fe fentait pénétrée pour les
Grands, que ce même exercice mettait à une diftance immenfe d'elle.
Les tableaux terribles et multipliés
que préfenteront le fouvenir, et la
peinture des fanglantes fcènes de la
Révolution ; le récit de crimes affreux et d'actes héroïques fuffiront à
la curiofité et à l'intérêt, et ne laif-
feront point de place aux petites
anecdotes de cour. La Révolution
deviendra une époque nationale,
comme la captivité de Babylone chez
les Juifs, et l'an de l'Hégire chez les
Arabes et les Turcs ; et une infinité
de familles dateront de ce temps une
illuftration méritée par des fervices
éclatans, ou un attachement héroïque

à la monarchie, qui les rapprocheront des anciennes Maisons. J'ajouterai que nous n'avons point de bonne histoire de notre pays. Les Anglais l'emportent sur nous dans cette partie, et Hume et Robertson n'ont point d'égaux en France. Nos histoires ne contiennent que des récits sans intérêt, que des satyres dictées par l'esprit de parti, de fades panégyriques et des compilations faites sans discernement. Un historien ne peut avoir de gloire durable, que lorsqu'il approfondit la moralité de l'homme, et développe avec sagacité et impartialité les modifications que lui ont fait subir les institutions civiles et religieuses; alors il devient intéressant pour toutes les nations et tous les siècles. Si Tacite en peignant les Germains n'eût fait que décrire des armures bizarres, des costumes finguliers ; s'il n'avait pas fait fortir de fon fujet de grandes vérités morales, éternellement intéreffantes, le mérite même de fon ftyle ne foutiendrait pas l'ouvrage. Le cabinet d'histoire naturelle qui m'offre des métaux à demi-formés dans les entrailles de la terre, et quelques changemens fucceffifs de formes, excite ma curiofité ; mais quelle ne ferait pas ma fatisfaction, fi je pouvais voir la première amalgame des divers élémens, et fuivre le métal, jusqu'au moment où l'art en fait la coupe cifelée de LUCULLUS ; le diamant, jusqu'à celui où il brille fur le cou de CLEOPATRE ? telle eft en quelque forte la tâche de l'hiftorien qui préfente le tableau de l'homme des divers fiècles. Ce n'eft pas dans nos hiftoires qu'on apprend à connaître les Français, mais dans un petit nombre de mémoires particuliers , et je maintiens que l'homme qui a lû attentivement madame de SEVIGNE', eſt plus inſtruit des mœurs du ſiècle de LOUIS XIV et de la cour de ce monarque, que celui qui a lû cent volumes d'hiſtoire de ce temps, et même le célébre ouvrage de VOLTAIRE. Le changement des mœurs, la domination de nouveaux ſentimens font, de luſtre en luſtre, disparaître les ouvrages d'auteurs jadis admirés. Combien , parmi ceux qui enchantaient madame de SEVIGNE' et ſa ſociété choiſie et ſpirituelle, font à peine connus aujourd'hui ? C'eſt par pure curioſité qu'on lit de nos jours quelques - unes de ces fameuſes *lettres provinciales*, regardées par BOILEAU et tant d'hommes ſupérieurs, comme le chef-d'œuvre de l'esprit humain. Le défaut abſolu d'intérêt ne permet pas de continuer la lecture d'un ouvrage qui a dû fa célébrité à l'esprit de parti et au mérite du ftyle, fi remarquable dans un temps où l'on ne citerait pas un bon écrivain en profe.

La hardieffe des penfées a contribué à la vogue extrême des ouvrages de VOLTAIRE, elle n'eft plus fenfible, à préfent que la témérité a renverfé toutes les barrières : qui croirait que cet homme célébre a penfé être exilé pour avoir dit qu'ADAM et EVE *avaient les ongles un peu crochus, et la peau tannée ?* Les pièces fugitives du même auteur dans lesquelles règnent l'esprit, la grâce et le ton du monde, auront-elles le même prix lorsque la fociété ne fera plus la même ? Qui fentira dans cent ans le mérite de cette charmante pièce intitulée : *La vie de Paris et de Verfailles.* Le recueil immenfe de fes lettres, fi agréablement écrites, mais monotones dans leur genre d'agré-ment, et relatives pour la plupart à la repréfentation de fes pièces, ou remplies de louanges fi exagérées pour des perfonnes fans mérite, ne fera pas un jour plus intéreffant que celui des lettres de St. Evremont. Les tragédies de Corneille, de Racine, de Voltaire femblent de-voir durer éternellement; mais fi un homme de génie donnait plus de mouvement à fes drames, s'il agran-diffait la fcène, mettait en action la plupart des chofes qui ne font qu'en récit, s'il ceffait de s'affujétir à l'u-nité de lieu, ce qui ne ferait pas auffi choquant que cela paraît devoir l'être; ces hommes auraient un jour dans cet auteur un rival dangereux pour leur gloire. Si l'on fuppofait la du-rée de la République, les changemens dont je parle feraient bien plus conſidérables ; le peuple jouerait un grand rôle dans toutes les pièces, et les ſujets ſeraient presque tous relatifs aux événemens du temps et aux mœurs nouvelles qui en découleraient nécessairement. Le théâtre, chez toutes les nations porte l'empreinte du gouvernement : dans la Grèce, où la démocratie a été en vigueur, le peuple intervenait ſur la ſcène, et de là les chœurs. En Angleterre, où le gouvernement ſe rapproche du régime républicain, les auteurs ont ſoin de ſe conformer au goût du peuple, et mettent aux plus nobles ſujets des détails et des ſcènes à ſa portée. En France, où la cour avait un ſi grand ascendant ſur la ville, la ſcène n'était remplie que par des comtes et des marquis.

Ce qui durera éternellement de

Voltaire, ce sont ces vers pleins de majesté et d'harmonie, qui exhalent le doux parfum de l'humanité, et dans lesquels l'élévation de l'ame se joint à la pompe de l'expression. On saura à jamais par cœur les beaux morceaux de la *Henriade* et *d'Alzire;* on se plaira à lire un autre poëme rempli de détails charmans; mais plus de quarante volumes de son immense collection, ne seront un jour parcourus que par la curiosité. Il faut que tous les auteurs qui ont beaucoup écrit perdent de leur mérite, la portion relative uniquement au temps où ils ont vécu, au goût alors dominant. La Bruyere, dont le style est si correct, dont l'esprit a percé à jour les ridicules de ses contemporains, qu'il a peints de si vives couleurs, sera réduit à un bien petit volume, qui renfermera, non les ridicules de l'homme de Paris et de Verfailles, mais les paffions, les fentimens, l'esprit de l'homme de tous les pays et de tous les fiecles ; on trouve dans LA BRUYERE ce paffage: „*On dit fon fecret en amitié, il échappe* „*en amour.*" Ce font de pareilles penfées, fi heureufement exprimées, qui dureront à jamais. MONTESQUIEU perdra moins qu'un autre dans cette révolution d'idées et de fentimens, parce que les objets dont il a parlé feront éternellement intéreffans, et que fa manière de s'exprimer eft fimple et piquante ; mais tout en admirant plufieurs parties de *l'esprit des lois*, je crois que cet ouvrage lui donnera moins de droits que *les lettres perfannes*, pour fe maintenir au premier rang des hommes de génie. Toutes les idées politiques répandues et dans *l'esprit des Lois*, et dans

l'ouvrage, si bien fait, si sagement ordonné sur *la grandeur et la décadence
des Romains*, sont contenues en germe
dans *les lettres Persannes*, et le sujet
y permet certaines idées qui déparent
la dignité d'un ouvrage aussi grave
que *l'esprit des Lois* : tel est ce pas-
sage au sujet de la polygamie et des
sérails, *le maître est un débiteur in-
solvable au milieu de ses créanciers*.

Le temps avait rassemblé dans ma
bibliothèque, un nombre prodigienx
de romans, parce que mon libraire
m'envoyait tout ce qui paraissait de
nouveau, et leur perte vous paraîtra
sans doute peu sensible. Ce n'est pas
que je méprise ce genre d'ouvrages,
et j'ai souvent souhaité qu'on brûlât
tous les livres d'histoire, et qu'on les
remplaçât par des romans ; la vérité
y perdrait peu, et les récits d'actions
vertueuses, la peinture des sentimens

humains et généreux, fubſtitués aux
tableaux des excès de l'ambition, des
fureurs du fanatisme et des plus hon-
teuſes faibleſſes, exciteraient dans
les esprits un noble enthouſiasme
pour la vertu. Que contiennent au
reſte les bibliothèques, ſi ce n'eſt des
romans ? Il y en a ſur la Divinité,
ſur l'Ame, ſur les Gouvernemens,
ſur la nature de l'homme, et après
les avoir lûs on revient à dire avec
Socrate : *ce que je ſais, c'eſt que
je ne ſais rien.* La plupart des romans français, malgré le goût que
j'ai pour les ouvrages d'imagination,
ne ſont pas pour moi un objet de regret, parce qu'ils ſont presque tous
dénués de ſtyle et d'invention, et que
Gilblas excepté, ils n'ont pas, comme
les romans anglais, le mérite d'offrir la fidelle peinture des mœurs,
des hommes et d'une nation. J'oſe

affurer qu'un extrait fait avec discernement des penfées que renfer-
ment leurs romans, formerait le plus
excellent ouvrage de morale. Les
romans de l'abbé PREVOST, qui ont
eu une fi grande vogue, ne peuvent
plus fe lire; tout eft invraifemblable
dans ces romans écrits à la hâte pour
faire fubfifter l'auteur. La feule histoire de *Manon l'Escaut* eft à diftinguer
dans fes volumineufes productions;
c'eft le comble de l'art d'avoir fu infpirer un intérêt foutenu, pour deux
créatures méprifables; l'auteur a tellement nuancé leurs vices, et les a
fi habilement mélangés avec de bonnes
qualités, que l'on ne peut arriver
au dénouement de l'ouvrage fans le
plus vif attendriffement. Un grand
nombre d'autres romans, après avoir
eu le plus brillant fuccès dans le
temps où ils ont paru, n'offrent plus

qu'un jargon inintelligible, et un dé-
règlement d'imagination qui n'a rien
de piquant : qui, peut aujourd'hui
trouver quelque sel dans *Tanzaï et
Neadarné* ?

Les voyages tenaient une grande
place dans ma bibliothèque ; mais si
l'on en excepte un petit nombre, la
plupart sont écrits par des hommes
sans lumières ni savoir, et sont rem-
plis de fauffetés et d'invraifemblances.
Dégoûté de voir les auteurs décrire
des coutumes bizarres, fans en chercher les principes et les rapports avec
les mœurs d'une nation, j'aime autant en imaginer. Qu'ai-je befoin de
favoir ce qu'un peuple de fauvages
adore, quand je fais que des oignons,
des vaches, des finges ont été l'objet
du culte d'une grande nation ? Je ne
regretterai pas non plus ces productions infipides d'auteurs qui s'extafiant

froidement fur les beautés de la nature, décrivent avec emphafe la plus
petite montagne de la Suiffe.

Pardon de cette longue lettre, à
propos de ma bibliothèque ; mais j'ai
voulu calmer vos regrets fur la perte
que vous faites ; je ne vous ai point
parlé en *Sénateur pococurante*, vieil-
lard blafé et dégoûté, mais en homme
qui fuit le cours des idées. A mefure
que l'esprit avance, une multitude
d'ouvrages disparaît. *L'Utopie* de
THOMAS MORUS, célébre dans fon
temps, n'offre plus rien d'intéreffant
depuis qu'on a étudié la fcience des
gouvernemens, et un grand nombre
d'auteurs pourraient faire aujourd'hui
un bien meilleur roman politique que
celui de MORUS.

Vous voyez que les douze mille
volumes qui formaient ma bibliothèque,
fe réduifent à un bien petit nombre,

fi l'on en ôte les théologiens, les controverfiftes, les fermonnaires, les livres de jurisprudence civile et criminelle, ceux qui concernent les droits féodaux et l'adminiftration; tous les livres dont la hardieffe faifait le prix; la plus grande partie des hiftoires de France, tous les romans français à dix ou douze près, et la plupart des voyages; enfin un nombre immenfe d'écrits qui ont dû leur fuccès au goût du moment, à l'intérêt des circonftances; tous ces livres ne feront pas plus recherchés un jour, que les *factums* relatifs à des affaires qui dans leur temps fixaient l'attention générale. Le temps fait perdre de leur prix non-feulement aux penfées des hommes, mais à leurs actions, à mefure que des actions femblables fe multiplient; des exemples de valeur héroïque, des mots fublimes inspirés par l'héroïsme militaire ou patriotique, qu'on admirait chez les anciens, font devenus des lieux communs ; dès qu'on entend commencer l'hiftoire, on en devine la fin et le trait, comme on devine fouvent l'hémiftiche d'un vers ; l'esprit fe blafe ainfi fur tout ; l'amour propre même s'ufe ; les triomphes, les honneurs, les applaudiffemens multipliés n'offrent plus le même attrait, et l'homme, de jour en jour, doit être moins avide de fuccès qu'il voit prodiguer à un grand nombre de perfonnes, et fouvent à des hommes méprifables. Il en doit être un jour des honneurs et de la gloire, comme de la demande des auteurs à la fin d'une pièce ; le flatteur empreffement avoit enivré VOLTAIRE, et les POINSINET y devinrent infenfibles. Que conclure de ce que je viens de vous dire, finon, que rien n'eſt durable dans le monde, et que les penſées et l'eſtime des hommes ſont comme les flots de la mer qui ſe ſuccèdent et disparoiſſent ?

LETTRE LXXXVII.

—

LA DUCHESSE DE MONTJUSTIN
AU
MARQUIS DE ST. ALBAN.

Il faut, mon cher couſin, que je vous donne un avis dont vous me ſaurez gré, ſi vous êtes raiſonnable, comme je le crois. La Baronne de * * * *, dont vous connoiſſez les prétentions au bel esprit, s'eſt mis

dans la tête de jouer la comédie, et
je fais qu'elle compte fur vous et la
Comteffe pour les rôles de *Zaïre* et
d'Orosmane. Le Commandeur ne
manquera pas d'adopter cette idée et
d'ufer de tout fon ascendant fur fa
nièce pour fe procurer le plaifir de
la voir applaudir. Si cette propofition eft faite, la Comteffe éprouvera
un grand embarras, d'avoir, ou à con-
trarier fon oncle, ou à fe trouver en
fcène avec vous. Comme vous êtes
l'acteur fur lequel on compte le plus,
le projet n'aura pas lieu fi vous refufez. Vous avez un motif bien légitime comme Français. Il ne ferait
pas befoin de vous rappeler ce que
ce nom impofe dans les circonftances
actuelles ; mais le plaifir de pouvoir
exprimer fes véritables fentimens, en
n'ayant que l'air de jouer un rôle,
l'intimité que donnent les répétitions,

la douce néceffité de fe voir fouvent;
tout cela peut faire oublier quelque
temps à un homme amoureux, ce
que la bienféance exige. Prévenez
donc d'avance la Baronne, ou permettez - moi de lui dire qu'il eft impoffible, quelque peu nombreufe que
foit l'affemblée, qu'un Français, dans
les triftes conjonctures où nous
fommes, paraiffe fur un théâtre.
Adieu, mon cher coufin, répondez -
moi au plutôt je vous prie, et aimez
toujours votre coufine, qui le mérite
bien par fon tendre attachement.

LETTRE LXXIII.

Le Marquis de St. Alban
a la
Duchesse de Montjustin.

Vous avez raison, mille fois raison, ma chère cousine, tout divertissement est interdit à un Français, dont le cœur est déchiré par les maux de sa partie ; prévenez donc madame la Baronne qu'elle ne doit pas compter sur moi pour son spectacle. Je me suis reproché plusieurs fois d'avoir dansé chez le Commandeur, et cependant j'ai pour excuse, d'être arrivé sans m'en douter dans une salle préparée pour un bal.

Je n'eus pas le temps de réfléchir un
inftant; je me trouvai entraîné, et en
quelque forte forcé à danfer par le
Commandeur; vous en avez été témoin; la première danfe était un en-
gagement pour la feconde, et il n'é-
tait plus temps de fe défendre; je
n'aurais fait, en motivant ma réfis-
tance, qu'éveiller l'attention fur la
faute que je venais de commettre, et
la critique ne m'aurait pas plus épar-
gné. Vous avez peut-être cru que
le plaifir de tenir la main de la Comteffe, de la ferrer dans mes bras, enfin, que tout ce que la danfe et les
Allemandes, fur-tout, préfentent de
douces illufions, mêlées de quelques
réalités, m'avait féduit, enivré; mais
l'idée de l'embarras qu'éprouvait la
Comteffe, les regards inquiets qu'elle
portait, tour à tour, fur les fpec-
tateurs et fur moi, me rendaient

timide et incertain. Les gens que l'on appelait à bonnes fortunes, m'auraient trouvé bien ridicule ; cherchant le plaifir feul fous le déguifement de l'amour, ils ne fongent qu'à eux, et peu leur importe de déplaire momentanément. Combien le véritable amour eft éloigné de cette intrépide perfonnalité ! J'étais en quelque forte honteux des avantages que me donnait ma pofition, tant j'étais inquiet que la Comteffe ne me crût homme à en abufer, et à jouir intérieurement de fon embarras. Elle a dû remarquer ma circonspection, et ma conduite en cette occafion devrait la raffurer dans d'autres circonftances. Hélas ! bientôt elle n'aura plus rien à craindre de mes empreffemens ; il faudra la quitter, et pour combien de temps ! Que la Révolution dure ou qu'elle fe termine, je ferai également loin d'elle,

et quel prétexte de m'en rapprocher!
Je deviens indifférent sur tous les
événemens, lorsque je n'en vois aucun
qui me rappelle auprès d'elle. Le
Commandeur m'a dit il y a quelques
jours : l'état violent où sont les choses
en France ne peut durer, et je suis
persuadé que d'ici à un an vous serez
dans votre château de St. Alban; si
cela est, je vous promets d'aller vous
y faire une visite, avec ma sœur et
ma nièce, et je suis bien sûr que
nous y ferons bien reçus. Vous de-
vinez aisément ce que j'ai répondu;
mais ce qui vous surprendra, c'est
que depuis ce moment je vois souvent
la Contre - révolution faite, et cette
nuit j'ai rêvé que la Comtesse était
chez moi; je la voyais dans ce grand
appartement qui donne sur la terrasse;
sa mère au rez de chaussée, ainsi que
le Commandeur. Le reveil a dissipé

cette heureuse réunion de personnes qui me feront éternellement chères. Adieu, adieu, ma cousine, ce n'est pas dans les rians sentiers de l'espérance que mon imagination s'égare le plus souvent, et je veux vous faire grâce de mes sombres idées,

LETTRE LXXXIX.

LA VICOMTESSE DE VASSY

A

Mlle EMILIE DE WERGENTHEIM.

Il y a bien long-temps, Mademoiſelle, que je n'ai reçu de vos nouvelles; mais j'ai appris que vous vous portiez bien, j'ai ſu auſſi que le cher Baron s'était diſtingué dans pluſieurs occaſions, et qu'on lui avait envoyé la croix de MARIE THERESE. Ces bonnes nouvelles ont pour quelque-temps ſuſpendu mes chagrins et le ſentiment de mes maux; mais hélas! ce ne ſont que des éclairs, qui brillent quelques inftans au milieu d'un ciel couvert des plus fombres nuages... Je fuis toujours bien fouffrante, il paraît que les eaux de Carlsbath ne me conviennent point, et que c'eft ma poitrine qui eft affectée. Je ne reçois pas de nouvelles du Vicomte, jugez, Mademoifelle, de mes inquiétudes ! Je fuis cependant un peu raffurée quelquefois, en fongeant qu'il n'eft point au nombre des Emigrés et qu'il était forti de France avec un paffe-port. Sa tendreffe pour fa mère, et le défir d'écarter de moi la mifère, l'ont fait rentrer dans ce repaire de brigands et d'affaffins. Il fe reprochait d'être la caufe de ma ruine, parce que c'eft fon valet de chambre qui m'a emporté presque tout ce que je poffédais, et je crains fouvent que fa mère n'ait fervi que de prétexte à fon voyage ; il m'a montré quelques lettres déjà anciennes, où elle lui témoignait du regret de ne l'avoir pas auprès d'elle; mais c'était dans un temps où il y avait bien moins de danger à habiter la France. De quel secours peut-il être à une femme qui a des amis zélés et des gens d'affaires fidelles? Quel besoin pouvait avoir de lui une femme infirme, qui a dû échapper à l'œil des tyrans, par la retraite où elle vit, et par son extrême circonspection; mais que pouvais-je dire lorsqu'il s'agissait de remplir un devoir sacré, comment s'opposer au vœu même indiscret de l'amour maternel, au désir de la tendresse filiale? Il m'est resté quelques fonds; et satisfaite de vivre avec un homme pour qui seul je tiens à la vie, je me ferais réduite sans peine au plus strict nécessaire; j'aurais supporté gaiement la misère. Vous m'avez quelquefois entendue parler de mes malheurs; mais vous ignorez par quels affreux chemins j'étais parvenue à une félicité qui n'a duré que peu d'inftans. L'intérêt que j'ai eû le bonheur de vous infpirer et à votre aimable amie, m'a fait naître l'idée de mettre par écrit les événemens extraordinaires de ma vie; je vous en avais promis le récit; j'ai profité de mon loifir pour les adreffer à mes deux amies, à qui je demande le fecret pour ma vie, elle ne fera pas longue, je crois; mon corps épuifé par des fecouffes trop vives, ne fait plus que languir, et mon ame feule femble le foutenir. Je quitterai inceffamment Carlsbath qui ne convient pas à ma fanté, et j'aurai bien du plaifir à vous revoir dans mon petit hermitage du Rhingau. Adieu, ma chère amie, adieu, mes chères amies, je vous embraſſe mille et mille fois de tout mon cœur.

LETTRE XC.

—

MONSIEUR DE VERSAC
A
MELLE EMILIE DE WERGENTHEIM.

Mademoiſelle,

Je ne ſais ſi vous vous rappellerez le nom d'un homme qui a eu deux ou trois fois l'honneur de vous voir chez Monſieur le prévôt du chapitre de Mayence, et qui vous accompagna un jour à une fête qu'il vous donnait, et à madame la comteſſe de LOEWENSTEIN, dans une petite île du Rhin. Vous avez tant vu de Français, d'Emigrés, et malheureuſement de Patriotes depuis ce temps, qu'il ſerait fort ſimple

que mon nom et ma personne n'euſſent
laiſſé aucune trace dans votre esprit.
Un intérêt preſſant, Mademoiſelle, me
fait prendre la liberté de vous écrire,
c'eſt celui d'une de vos amies, de madame la Vicomteſſe de VASSY; elle
m'a parlé bien ſouvent de vous avec
tendreſſe et reconnaiſſance, et il m'a
ſuffi de ne vous être pas tout-à-fait
inconnu pour en être diſtingué. Sa
ſanté eſt dans un état fâcheux et
presque désespéré; les eaux de Carls-
bath, loin de lui être ſalutaires, ſont
abſolument contraires à ſon mal qui
eſt une espèce de conſomption et le
médecin lui a conſeillé de les quitter.
Elle part dans peu de jours pour re-
tourner dans les environs de Mayence,
d'où la crainte des Français l'avait
chaſſée; mais, Madame, l'état de ſa
ſanté n'eſt pas le plus grand des maux
qui accablent cette femme intéreſſante;

le Vicomte de Vassy a été condamné à être déporté en Amérique; elle
n'en est pas instruite, et dans la faiblesse où elle se trouve, elle succom-
berait sous le poids de son infortune.
Il est donc, Mademoiselle, du plus
grand intérêt de lui cacher cette triste
nouvelle. Le Vicomte n'avait point
marqué dans la Révolution, et son
nom ne se trouve que sur une seule
liste, enveloppé dans un nombre de
plus de cent condamnés à la même
peine; cette circonstance favorise le
mystère qu'il est si important de faire
à sa malheureuse femme. C'est par
un de ses amis que j'ai su cette nouvelle, qui, confondue avec tant d'autres atrocités, n'a pas fait de sensation.
Il serait cependant possible que la liste,
sur laquelle se trouve le Vicomte, par-
vînt à sa femme; j'invoque les soins
de votre amitié pour écarter d'ell

d'ici à quelque temps, tous les papiers publics; il ferait aussi à désirer que vous puffiez lui faire donner des nouvelles propres à foutenir fes espérances. Sa vie, hélas! touche à fon terme, et cette falutaire tromperie la lui ferait peut-être finir en paix. Elle eft dans la confiance que fon mari n'a rien à craindre en France, parce qu'il n'était pas Emigré, et qu'il y a fait deux voyages avec un paffeport en bonne forme. Il vous fera donc facile, Mademoifelle, de l'entretenir dans une flatteufe erreur. Si elle connaiffait la jurisprudence Révolutionnaire, fa fécurité l'abandonnerait bientôt. Indépendamment de tout l'intérêt qu'inspire madame la vicomteffe de VASSY par fon esprit, fes agrémens et fa douceur, fes nobles procédés envers mes malheureux compatriotes fuffiraient pour inspirer

pour fa perfonne le respect et l'attachement. Privée, par la fcélératefe
d'un domeftique, de la plus grande
partie des reffources qu'elle s'était
ménagées dans le malheur général,
elle fe réduit au plus étroit néceffaire
pour fournir des fecours à fes compa-
gnons d'infortune. Je me flatte qu'en
faveur du motif, vous excuferez la
liberté que je prends de vous écrire
fans avoir l'honneur d'être particuliè-
rement connu de vous. Ce n'était
pas rendre juftice à la bonté de votre
cœur, que de garder le filence dans
une occafion qui peut l'intéreffer fen-
fiblement. Je fuis avec un profond
respect,

Mademoifelle,

Votre très-humble et très-obeis-
sant ferviteur
le cher de VERSAC.

LETTRE XCI.

—

Melle Emilie
a
La Cesse de Loewenstein.

J'ai à vous parler auffi d'une Emigrée, ma chère Victorine, dont le trifte état vous touchera fenfiblement; c'eft de la vicomteffe de Vassy qui eft en route, je crois, pour revenir de Carls-bath ; lifez cette lettre dn chevalier de Versac, avec qui vous pouvez vous rappeler d'avoir danfé chez le prévôt du chapitre de Mayence ; elle vous inftruira de détails que je n'ai pas la force de vous faire. L'avis qu'on me donne et que je vous transmets, peut être fort intéreffant, et vous ferez bien d'en faire part au Marquis et à la Ducheffe; mais peut-être ils connaiffaient le vicomte de VASSY, c'eft un motif, ma chère Victorine, d'ufer de ménagemens en leur apprenant cette nouvelle. Adieu, je ne veux pas m'étendre fur le trifte fujet de cette lettre, elle ne fera que trop d'impreffion fur vous, fans que j'y joigne mes fombres idées. Malheureufe Vicomteffe! quelle horrible nouvelle! et combien peu il lui refte d'espoir. Adieu, adieu, ma tendre amie.

LETTRE XCII.

Mᴸᴸᴱ Emilie

a

La Cᴱˢˢᴱ de Loewenstein.

La Vicomtesse est arrivée, ma chère amie, et a suivi de près, comme vous voyez, sa lettre. Je crois que le désir d'être plus à portée de savoir des nouvelles a hâté son voyage : hélas ! elle ne sait pas combien elle est heureuse de les ignorer ! . . . Je m'attendais, d'après ses lettres et ce qu'on m'a dit, à la trouver bien plus changée ; mais les maladies de poitrine font, dit-on, peu sensibles au dehors, et quelquefois je suis tentée de croire que son mal n'aura pas de suite; elle en augure autrement : j'ai perdu, me disait-elle hier, deux amies, de la maladie dont je suis atteinte, et la marche m'en est connue; elle s'est arrêtée en disant: il ne faut pas chagriner mon Emilie et son aimable amie. Le médecin, sans s'expliquer positivement, m'a donné beaucoup d'inquiétude : c'est là, m'a-t-il dit en portant la main sur son cœur, qu'est le principe du mal. Quelle affreuse position aussi que la sienne ! elle était au comble de ses vœux, elle venait d'épouser un homme qui lui était cher depuis long-temps, et la fortune qu'elle avait, était immense pour une Emigrée. Elle m'a promis de me confier ce qu'elle appelle ses aventures : mariée très-jeune elle a été très-malheureuse, et ensuite a voyagé

en Italie. Quels peuvent-être les malheurs d'une femme jeune, riche,
agréable et d'une naiſſance diſtinguée ?
Elle n'a point été à la cour, ſon premier mari eſt mort depuis cinq ans,
et ce n'eſt que depuis quelques mois
qu'elle tremble pour les jours du Vicomte. Elle parle ſouvent de l'injustice des hommes, de la légéreté de
leurs jugemens, et lorsqu'elle entend
raconter des hiſtoires ſcandaleuſes de
femmes, elle me dit quelquefois en
ſoupirant : peut-être que tout ce que
l'on dit n'a aucun fondement ; peut-
être ne ſont-elles que malheureuſes.
Vous conviendrez avec moi, ma chère
amie, que ſes manières ſi ſimples et
ſi décentes, ſes diſcours ſi meſurés,
ſans pédanterie, ſes ſentimens nobles
et généreux doivent être de ſûrs garans que ſon indulgence ne vient pas
du beſoin qu'elle en a pour elle-même ;

qu'en dites-vous mon amie ? ne croyez-
vous pas comme moi, lire au fond de
son cœur ? Elle n'a pas désaprouvé
que je vous aye fait voir ce portrait
qu'elle m'a tant recommandé de ne
montrer à aucune perfonne de fon
pays ; c'eft une figure abfolument
différente de la fienne ; mais on dé-
mêle bientôt la reffemblance ; fes yeux
font les mêmes, et les traits font feu-
lement groffis par la petite vérole, et la
fraîcheur de fon teint effacée, on peut
fans s'intéreffer à elle, être curieux
de pofféder un ouvrage qui donne une
idée exacte de la beauté et de la grâce
réunies ; mais quelle peut-être la raifon qui l'engage à faire un myftère de
ce portrait qui la préfente fous un aspect enchanteur ? il faut attendre qu'elle
l'explique et arrêter notre imagination.
Adieu, ma chère amie, la Vicomteffe
vous embraffe bien tendrement.

LETTRE XCIII.

—

La Cesse de Loewenstein

a

Melle Emilie de Wergentheim.

Je suis bien touchée, ma chère Emilie, de l'état de la Vicomtesse, et il est bien important de lui cacher le sort de son mari ; elle est tourmentée par l'incertitude et tomberait dans le désespoir, si elle connaissait toute l'étendue de son malheur ; parlez - lui, je vous prie, de mon tendre attachement pour elle, en attendant que je lui en renouvelle moi-même le sincère témoignage. Le Marquis ne sait point qui elle est ; le nom qu'elle portait avant

fon mariage ne lui eft pas même connu ; mais il eft ami du vicomte de
Vassy , qu'il eftime infiniment, et il
eft affuré qu'il ne peut avoir époufé
qu'une femme digne à tous égards de
porter fon nom. Le récit de fes
aventures qu'elle doit vous adreffer
nous la fera connaître plus particuliè-
rement, et je fuis convaincue qu'il
nous fournira de nouveaux motifs de
l'eftimer. Son médecin a paffé ici il
y a deux jours, et m'a dit qu'elle tou-
chait à fa fin ; il s'attendriffait en me
donnant cette funefte affurance, et
fon émotion eft une marque de l'intérêt que votre malheureufe amie inspire ; car l'habitude des fpectacles
douloureux rend infenfibles les hommes
qui y affiftent par état ; les autres en
détournent promptement les regards,
et c'eft ce qu'on voit arriver tous les
jours à la rencontre des mendians.

Le nombre prodigieux des Français malheureux disperfés dans toute l'Europe, émouffera bientôt auffi la fenfibilité, et déjà j'ai vu quelque chofe de plus que l'indifférence, j'ai entendu railler de leur mifère, et plaifanter ceux qui étaient touchés de leur trifte fituation. Il n'y a pas long-temps qu'une femme, entendant parler d'une perfonne de fa connaiffance qui avait généreufement donné afile à un Emigré : *il devient*, dit - elle, *du bon air d'avoir dans fa maifon un Emigré, comme autrefois des coureurs et des héduques.* Que dites - vous de ce fot propos ? pour moi je me brouillerais avec une femme capable d'une auffi plate raillerie, propre à refroidir l'intérêt qu'excite le malheur, et furtout celui qui a pour principe l'honneur et la fidélité. Le Marquis n'eft pas venu ici depuis trois jours ; il m'a

paru bien trifte la dernière fois que je l'ai vu. La cruelle deftinée de la Reine remplit fon ame d'amertume; voici ce qu'un de fes amis lui écrit, il m'a permis d'en prendre copie, et l'iffue, hélas! trop vraifemblable de cet incroyable procès, pénètre mon ame d'horreur. ,, La pa-
,, role, Monfieur, eft impuiffante pour
,, décrire fes malheurs, et je crois
,, que ce n'eft pas un hiftorien, mais
,, un grand peintre qui pourrait dans
,, plufieurs tableaux en donner une
,, jufte idée. Le premier la repréfen-
,, terait dans la fleur de la brillante
,, jeuneffe arrivant à Strasbourg, et
,, excitant des transports d'admira-
,, tion par fa beauté et la nobleffe
,, de fa figure; dans un autre on la
,, verrait à Rheims dans tout l'éclat
,, de la royauté, avec fon augufte et
,, malheureux époux, l'objet des

„ bénédictions touchantes d'un peuple
„ immenfe ; dans un autre elle ferait
„ peinte à Verfailles au milieu de la
„ plus brillante cour, et furpaffant
„ toutes les femmes qui l'environnent
„ par l'éclat de la beauté et un air
„ tout à la fois élégant et majeftueux ;
„ un autre la montrerait arrivant à
„ Paris dans toute la pompe royale,
„ après avoir donné le jour à un Dau-
„ phin, et l'on y verrait les Parifiens,
„ ce peuple fi féroce aujourd'hui, fe
„ preffer fur fon paffage, s'enivrer en
„ quelque forte de fa préfence et faire
„ retentir l'air de cris d'alégreffe. Le
„ jour de la première affemblée des
„ Etats généraux ferait encore le fu-
„ jet d'un tableau ; là, on la verrait
„ au milieu des Repréfentans de la
„ nation, environnée de la plus haute
„ nobleffe. Quelle funefte tranfition
„ ferait offerte à l'esprit quand elle

,, paraîtrait le *six Octóbre* à la fenêtre,
,, dans le palais de Verfailles, fe mon-
,, trant avec intrépidité à un peuple
,, d'affaffins rempliffant l'air d'affreux
,, hurlemens et inondant du fang de fes
,, gardes le feuil du palais; et enfuite
,, la journée du dix *Août*, enfuite la
,, captivité du Temple; enfin on verrait
,, dans un autre tableau une femme
,, en habit mal - propre, un paquet de
,, linge fous le bras, descendre d'un
,, miférable fiacre aux portes d'une
,, prifon, et cette femme ferait la
,, même qu'on aurait vue triomphante,
,, adorée, ferait la reine du plus fu-
,, perbe royaume de l'univers. Je fré-
,, mis en fongeant au tableau qui fui-
,, vrait ! . . . . Ces tableaux, Mon-
,, fieur, mon imagination me les pré-
,, fente fans ceffe, et aucun hiftorien
,, ne pourra en tracer les terribles et
,, étonnantes gradations." Au moment

où je finis cette lettre, j'apprends que monfieur de Loewenstein ne reviendra que dans quatre jours, ainfi j'irai après-demain paffer vingt-quatre heures avec ma chère Emilie, et embraffer la malheureufe Vicom-teffe.

LETTRE CXIV.

—

Melle Emilie
a la
Cesse de Loewenstein.

Il femble que la Vicomteffe ait ranimé toutes fes forces pour jouir du plaifir de vous voir, car depuis votre départ, ma chère amie, elle eft tombée dans une faibleffe extraordinaire. Elle m'a remis hier l'écrit qui contient fes malheurs, je l'ai lû cette nuit avec un grand intérêt et je vous l'envoie. Vous penferez comme moi; la plus étrange fatalité a préfidé à tous les événemens de fa vie, et je

fuis tentée d'après un tel écrit, de
ne croire à aucune mauvaife réputation. Dans peu, comme elle le dit,
tout lui fera bien indifférent ; fon état
empire à chaque inftant, et je crains
en me réveillant d'apprendre qu'elle
n'eft plus. Adieu, ma chère Victorine.

HISTOIRE

DE LA

VICOMTESSE DE VASSY

ADRESSÉE

PAR ELLE A SES DEUX AMIES.

Dans peu les vains discours des hommes me feront indifférens, ô mes chères amies ! mais ce sera pour moi une satisfaction, avant de quitter cette terre souillée de tant d'horreurs, que de m'être fait connaître entièrement à deux personnes que je me plais à ne pas séparer dans mon affection, et de leur laisser de moi un tendre souvenir. Vous avez souvent été étonnées de

quelques mots qui me font échappés,
et qui indiquaient quelque chofe de
myſtérieux dans mon exiſtence ; vous
m'entendiez parler de malheurs, et
vous cherchiez ce qui pouvait avoir
cauſé ceux d'une femme jeune, riche
et libre depuis long - temps ; il eſt
bien vrai, et vous allez en être
convaincues, que peu de femmes
ont été aufſi malheureuſes. Si je ne
rendais pas juſtice à votre discernement, aux généreuſes dispoſitions du
cœur de mes amies, ſi je ne croyais
pas être connue d'elles, je n'entre-
prendrais pas de leur raconter les
triſtes événemens de ma vie. La
crainte qu'elles ne prennent un récit
ſimple et ingénu pour un roman ar-
tificieuſement inventé pour me juſtifier, m'arrêterait, et j'aimerais mieux
emporter avec moi un secret qui n'in-
téreſſe qu'une ſeule perſonne, que

d'être suspecte du plus léger détour,
et même d'une réticence. Vous allez voir au reste que je n'ai aucun
intérêt à me justifier; car *celle* dont
je vais vous parler a disparu *du monde*
et de la mémoire des hommes depuis
long - temps, et qu'en vous parlant
de moi je vous parlerai d'une autre.
Voilà une énigme, elle va se déve-
lopper. J'ai été mariée à seize ans
au Marquis de * * * * âgé de quarante. Son nom et sa fortune dé-
terminèrent mes parens; tous les
hommes qui ont de la barbe, paraissent
les mêmes aux yeux des jeunes filles,
si j'en juge par moi; l'âge du Marquis, d'après cela, ne m'inspira aucune répugnance. Il avait passé sa
vie dans le plus grand monde, et
avait eu auprès des femmes ces succès rapides et nombreux, qui caracté-
risent l'homme appelé *à bonnes fortunes.*

Il croyait connaître les femmes, et celles avec lesquelles il avait vécu ne lui ayant pas donné une grande opinion de leur sexe, il était persuadé qu'il n'y en avait pas, dont la vertu pût résister aux empressemens d'un homme aimable. Cette conviction et un secret penchant à la jalousie le rendaient très-attentif à ma conduite; mais la crainte de la raillerie lui faisait afficher une apparente indifférence. Il m'aimait et ne trouvait pas qu'il fût du bon air de paraître attaché à sa femme. Secrétement jaloux, il s'en cachait avec un soin extrême, et par une suite de ce système, il me donnait une grande liberté apparente, et ne me perdait jamais de vue. Je ne me parerai pas à vos yeux d'une fausse modestie, et je vous dirai franchement que ma figure était citée de préférence à tout autre, et que les hommages

de la plus brillante jeuneffe fe diri-
gèrent vers moi dès les premiers mois
de mon mariage. J'avais la légéreté
de mon âge, et je me livrai avec vivacité à tous les amufemens qu'il
comporte. Ils avaient la plupart
un charme de plus pour moi, c'était
de procurer dès fuccès à mon amour
propre. J'aimais la danfe pour elle-
même, et je l'aimais encore pour être
applaudie, parce que je danfais mieux
que les autres perfonnes de mon âge.
Il en était de même de la mufique
que je favais très-bien, et je vous
dirai toujours avec ma franchife ac-
coutumée, que j'ai une très-belle voix.
J'avais perdu ma mère dans mon en-
fance ; le Marquis de * * * n'avait
de parentes qu'une coufine qui fe
chargea de me produire dans le monde,
et dans peu m'abandonna à moi-même,
Vous voyez que j'avais affez beau jeu

pour faire des fottifes, je ne fis que des étourderies ; mais elles me furent auffi fatales qu'auraient pu l'être des crimes punis avec févérité. Un jour j'étais dans une compagnie affez nombreuse dans laquelle fe trouvait la Préfidente de * * * * avec le Baron de * * * * qu'elle aimait et qu'elle voyait avec inquiétude s'occuper quelquefois de moi ; on joua après fouper à ce qu'on appelle des *jeux innocens,* et des *jeux de mains.* Le Baron reçut un coup violent d'un jeune homme de fon âge, avec lequel il avait eu plufieurs fois des querelles qu'on ayait eu peine à calmer, et l'on crut que celui-ci avait profité de l'occafion pour maltraiter un homme qu'il n'aimait pas. Je ne vis point donner ce coup ; mais au même inftant, une femme ayant dit au Baron, en plaisantant, qu'il était un fat ; je lui dis, quoi vous souffrez cela? Le Baron tout occupé du coup équivoque qu'il avait reçu, crut que je lui en parlais, et me dit affez férieufement, je ne fuis pas fi endurant que vous le croyez. Le lendemain il fe battit, et fut bleffé au point de faire quelque temps défespérer de fa vie; la Préfidente publia que c'était moi qui l'avais forcé à tirer vengeance d'un coup donné fort innocemment, et de là je fus regardée comme une femme d'un commerce dangereux. Six mois après cette aventure, mon malheur m'attira un autre défagrément encore plus fenfible et plus fâcheux. Le Marquis de * * * était amoureux de Madame de * * *; c'était un efprit romanesque, qui prétendait, que l'amour ne devait être qu'un commerce d'ame et d'esprit; enfin il réalifait dans fa penfée l'amour qu'on appelle Platonique, et fouvent fe perdait dans

un galimatias inintelligible. J'avais
fouvent plaifanté avec lui de fes fentimens, lorsqu'il me fit la confidence
qu'il avait trouvé une femme qui pen-
fait comme lui, et quelque temps après
il m'apporta deux lettres, dont l'une
était de lui et l'autre de la femme
qui devaient me convaincre, difoit - il,
de la paffion épurée qu'ils éprouvaient
tous deux ; il était tard et il me les
laiffa en me priant de les lui renvoyer
le lendemain matin. Je lûs ces lettres, pleines de fentimens myftiques,
et il me fembla que c'était ainfi que
la célébre madame GUYON devait
écrire à fon directeur. Elles ne faifaient tort qu'à la raifon de la femme,
et ne pouvaient faire foupçonner fa
vertu, ou du moins fes intentions.
Je fus exacte à renvoyer ces deux
lettres, et j'y joignis deux lignes
qui exprimaient au Marquis mon

admiration des beaux sentimens qu'elles contenaient; un domestique, nouvellement entré chez moi, fut chargé de les porter de grand matin; le Marquis était logé chez un de ses parens de même nom que lui, appelé le Comte de * * *, et c'était de sa femme qu'il était amoureux. Le Comte montait en voiture pour aller à Versailles au moment où arriva mon laquais qui, confondant les titres, dit que c'était une lettre pour le Comte de * * *. Celui-ci la prend, l'ouvre et voit un commerce d'amour entre sa femme et son parent, et un billet de moi qui prouvait que j'étais dans leur confidence. Il était jaloux et ne s'amusa pas à peser les expressions; il pensa tout naturellement que la spiritualité n'était qu'un chemin pour arriver jusqu'aux sensations, et que, de quelque manière qu'une femme faſſe entendre qu'elle aime, elle ne manque pas, après un détour plus ou moins long, de parvenir au même but. Il monte chez ſa femme, l'accable de reproches, et lui ordonne de ſe préparer à partir pour une terre à cent lieues de Paris ; il écrit enſuite à ſon parent qui attendait tout de lui, de prendre ſes arrangemens pour ſortir au plutôt de ſa maiſon ; il ſe rend de là chez mon mari, et lui dit qu'il croit devoir l'avertir que je fais le métier de confidente, de *complaiſante,* et que j'ai favoriſé les amours de ſa femme. Voilà le Marquis perdu dans l'esprit de ſon parent, ſon protecteur ; ſa femme exilée au fond de l'Auvergne, et ma réputation auprès de mon mari compromiſe. Il me parla de cette aventure avec une raillerie inſultante, et me dit que j'étais bien jeune pour un pareil rôle. L'affaire

perça dans le public et on répandit
que j'étais jalouse de la Comtesse
de * * * et que j'avais trahi le Marquis pour la perdre. Plusieurs femmes
s'éloignèrent de moi, et je voyais ré-
gner dans celles avec qui je restais
en liaison, une contrainte qui ne m'a-
vertissait que trop du tort que ma réputation avait souffert. Je tâchai de
me justifier auprès de plusieurs; mais
la jalousie leur inspirait une sévérité
extraordinaire, et un jour le Marquis
de * * *, à qui je m'en plaignais,
me dit en me montrant ma figure
dans une glace : voilà les torts que
les femmes ne vous pardonnent pas.
Mon mari avait été affecté vivement
de la part qu'il croyait que j'avais à
l'intrigue de la Comtesse de * * * *
avec son parent; il pensait qu'une
femme qui entre dans de pareilles
confidences, est en communauté de

principes et de fentimens, et que les
fervices qu'elle rend font à charge de
revanche; enfin il avait vu avec un
fenfible déplaifir le nom de fa femme
mêlé avec une aventure d'éclat, et per-
fide ou étourdie, il me trouvait également coupable aux yeux d'un mari. Ses
difpofitions étaient trop fenfibles pour
pouvoir m'échapper, et je crus devoir
redoubler de circonspection dans ma
conduite. Je me livrai moins à la diffipation pour éviter les occafions d'attirer
fur moi l'attention, et faire oublier des
torts qu'on s'était empreffé de me donner; l'efpèce de folitude où je vécus
pendant quelque temps, convenait à la
fecrète jaloufie de mon mari, qui
voyait avec plaifir diminuer le nombreux effaim de jeunes gens qui s'at-
tachent aux femmes qui ont quelque
célébrité: mais comment fuir fa des-
tinée? ma folitude et mes fages

réfolutions tournèrent contre moi. Le Chevalier de * * * était voifin de la terre que j'habitais l'été; il aimait la chaffe, et mon mari portait ce goût jusqu'à la paffion; le Chevalier lui devint d'autant plus néceffaire, que fa fociété était moins nombreufe, et bientôt il fe forma une liaifon intime entre eux. Le Chevalier páffait fou-vent plufieurs jours chez moi avec fa fœur, perfonne aimable et fpirituelle, et d'une conduite irréprochable; elle aimait paffionnément fon frère et me parlait fouvent de fes bonnes quali-tés, et de la différence qui était entre lui et les jeunes gens de fon âge; plus je le voyais et plus je trouvais qu'elle avait raifon, et qu'il méritait d'en être diftingué. Les éloges qu'elle me faifait de la fenfibilité de fon cœur, de la délicateffe de fes fentimens, le bonheur qu'elle trouvait à être aimée de lui, excitèrent toute mon attention ; le befoin d'attachement qu'on éprouve dans la jeuneffe, difpofait mon cœur à la tendreffe, et l'habitude de vivre familièrement avec un jeune homme aimable et modefte, détermina vers lui le penchant qui me portait à aimer. Il fut affidu pendant l'hiver qui fuivit mon retour de la campagne, et mon amitié avec fa fœur devenue plus vive, nous rendait inféparables et multipliait les occafions naturelles de voir le frère. Mon mari follicitait une charge à la cour ; il paffait une partie de la femaine à Verfailles, et l'ambition écartait de fon esprit toute autre occupation que celle de faire fa cour. L'impreffion que j'avais faite fur le cœur du Chevalier n'avait pas été moins prompte, mais la timidité et une réferve fondée chez lui en principe, arrêtait l'effor de fa paffion ;

tout en lui, excepté sa bouche, me
disait qu'il m'aimait; mais tandis que
son silence me rassurait, je ne songeais
pas que son trouble, que le mien
peut-être, trahissaient nos sentimens.
Il eut occasion de m'écrire et il ha-
sarda dans sa lettre quelques mots
qui me firent connaître qu'il avait de
plus en plus de la peine à se contraindre; je n'eus pas l'air d'y avoir
fait attention; mais je me commandai
avec succès de le traiter avec plus de
froideur; il s'en aperçut et chercha
l'occasion de me parler, que j'évitai
soigneusement. Il m'écrivit; j'eus le
tort de lire sa lettre; mais je la lui
renvoyai avec ces deux lignes pour
réponse. „Ne me forcez pas je vous
„prie à rompre une société agréable,
„et à voir moins souvent une femme
„dont l'amitié fait mon bonheur.“
Ma réponse fit l'effet que j'attendais;

il mit moins d'ardeur dans fes empreffemens, et je lui fus gré de l'empire qu'il s'efforçait de prendre fur
lui : je n'étais, hélas ! que trop à
portée de favoir par moi - même, combien étaient coûteux de pareils efforts ; mais auffi je jouiffais quelquefois, de cette fatisfaction pure qu'on
éprouve, lorsque la raifon et le devoir
ont triomphé de nos penchans ; avec
quel plaifir je descendais alors en
moi - même ! et combien je me trouvais heureufe d'être eftimable à mes
propres yeux ! Un incident, impoffible
à prévoir, vint m'enlever le fruit de
fix mois de combats, et me précipiter
innocente, dans l'abyme que je voulais éviter. J'avais été élevée par
une fille de condition, que l'infortune
avait réduite à mettre fes talens à
profit ; cette perfonne eftimable, qui
avait les plus grands droits à ma

reconnaissance, s'était retirée lors de mon mariage avec une pension que lui faisait mon père; la sœur du Chevalier, qui la connaissait de réputation, désirait qu'elle se chargeât d'élever sa fille, et m'avait engagée à faire tous mes efforts pour la déterminer à répondre à ses vues. Ma bonne, c'est ainsi que je la nommais encore, avait de la répugnance à sacrifier de nouveau sa liberté, et le mauvais état de sa santé ajoutait encore à son éloignement pour des soins pénibles. Le Chevalier avait été deux ou trois fois chez elle avec sa sœur, pour lui faire de plus pressantes instances, et sensible à l'estime, qui les déterminait, elle paraissait portée à s'y rendre. Elle tomba malade; le Chevalier y passa deux fois, et pour faire plaisir à sa sœur, et pour me donner à moi-même une marque de son zèle pour les personnes qui m'intéreffaient. Pourriez - vous attendre, mes chères amies, à des détails fi fimples, que des fentimens dignes peut - être, de quelque eftime vont me conduire à une affreufe ca-taftrophe. Un jour de la femaine fainte que j'étais fortie à pied, fuivie de deux domeftiques fans livrée, pour aller à l'églife, je m'informai de l'un d'eux en revenant chez moi s'il avait été favoir des nouvelles de ma bonne; il me répondit que non; mais que comme elle avait délogé, et que nous paffions devant fa rue, il allait s'y ren-dre. L'idée me vint d'aller moi-même m'informer de fa fanté, et favoir fi rien ne lui manquait dans fon nouveau logement; le domeftique me montra une petite rue qui était fur mon che-min, et je me rendis à une maifon qui avait affez d'apparence; dans le même moment j'envoyai chez moi l'un de

Tome III.   H

mes gens pour faire une commiſſion et je gardai l'autre. J'entre chez ma vieille amie et je reſte une demi-heure avec elle; mais quelle eſt ma ſurpriſe lorsqu'au moment de ſortir, je vois entrer le Chevalier qui venait pour la voir et ſe faire un mérite de m'inſtruire de ſon état. Je fus ſaiſie de terreur de me trouver ainſi dans une maiſon particulière avec un homme qui me rendait des ſoins, qui pouvaient n'avoir pas échappé à la malignité curieuſe, et je lui dis précipitamment de ſortir, que j'avais à parler en particulier à ma bonne. Vaine prudence, la fatalité de mon étoile devait triompher des plus ſages précautions. Mon mari, qui ſortait quelquefois le matin à pied, paſſe par la rue où j'étais, et voit ſortir le Chevalier d'une maiſon qui lui était connue; il s'arrête quelques momens avec lui pour lui faire

quelques plaifanteries fur cette rencontre, et il me voit fortir de la même
maifon.   A peine il peut en croire
fes yeux, il quitte le Chevalier, et
vient à moi, le vifage renverfé, me
prend brusquement le bras fans parler, me le ferre avec des mouvemens
convulfifs, et m'entraîne ainfi chez
moi fans me dire une parole.   Je n'ai
point d'expreffions pour peindre la
fureur qui le transporte; je veux
parler, il ne m'écoute pas, et je ne
puis rien comprendre d'abord à
quelques mots qui lui échappent, ni
à la violence de fes transports. Enfin
il me dit qu'il fait d'où je viens, qu'il
connaît la maifon, et j'apprends que
là, demeure au premier, une femme
qui prête fes appartemens aux perfonnes qui trouvent des obftacles
pour fe voir ailleurs commodément.
J'eus beau protefter de mon innocence;

la rencontre du Chevalier ne fortifiait
que trop ſes abominables ſoupçons, et
mes ſermens furent inutiles. Il ſe
rendit au ſortir de cette ſcène horrible
chez mon père, qui cependant ne voulut pas me condamner ſans m'avoir
entendue. L'innocence a une langue
et des geſtes qui la rendent ſenſible
aux yeux que la paſſion ne couvre
pas d'un bandeau; je vins à bout de
faire entendre la vérité à mon père;
il en impoſa à mon mari, et modéra
ſes tranſports, ſans lui faire partager
entièrement ſa conviction. Je ne voulus pas revoir le Chevalier, qui reçut
au même inſtant des ordres de partir
pour l'Inde avec ſon régiment, et tout
ce qu'il obtint de moi, fut l'aſſurance
que je lui fis donner par ſa ſœur que
je ne lui en voulais pas. L'amitié
de cette femme aimable et ſenſible
devint ma ſeule conſolation dans

l'embarraffante fituation où je me trouvais avec mon mari ; toujours livrée à d'affreux foupçons, mon imagination me le repréfentait fouvent les yeux étincelans de fureur, et un tremblement univerfel me faififfait à l'inftant. Mon amie, vivement affectée de mes chagrins, et empreffée de réparer le mal dont fon frère était l'auteur involontaire, s'occupait de me procurer des diffipations propres à en écarter le fouvenir. Le chagrin, me difait-elle, eft un ennemi qu'on s'efforce envain de combattre par la raifon, et à force ouverte. Il faut s'occuper d'en affaiblir l'impreffion par la domination de quelqu'objet qui captive l'esprit, ou par la fucceffion rapide et variée de tableaux divers, qui s'oppofe à un état habituel de réflexions. Elle vit avec plaifir que je m'occupais du deffin que j'avais négligé depuis long - temps; ce goût rempliſſait une partie de mes journées, et tout le temps que je n'étais pas avec mon amie; mais hélas! cette innocente occupation, que je m'étais faite pour me procurer de ſalutaires diſtractions, devint le principe du malheur de ma vie. Parmi mes gens était un jeune homme d'une figure agréable et dont l'éducation avait été plus ſoignée que celle des gens de ſon état; il était fils d'un ſculpteur, il avait appris le deſſin, et cette circonſtance de la vie d'un domeſtique ſi indifférente pour votre amie, a décidé de ſon ſort. Ce jeune homme ſe diſtinguait de ſes camarades par ſa ſageſſe, ſon aſſiduité, et un zèle qui le faiſait voler à mes ordres; il était toujours prêt à les exécuter et montrait une intelligence qui me portait à le préférer pour la plupart de mes

(91)

commissions. Je le chargeai de plusieurs emplettes relatives à mon goût
pour le dessin, il taillait mes crayons
et mettait en ordre les papiers que
je laissais sur ma table, et quelquefois
je lui montrais mon ouvrage dont il
était parfaitement en état de juger.
Ses soins, son attention à prévenir
mes désirs, excitèrent en moi de l'intérêt pour lui, et je proposai à mon
mari de le faire valet de chambre ;
mais il me dit qu'il était le moins
ancien de la maison, et que ce serait
faire une injustice à un très - bon sujet qui me servait depuis long-temps ;
je trouvai cette objection raisonnable,
et je me contentai de lui faire quelques
gratifications de temps en temps ; il
les recevait avec réconnaissance ; mais
en m'assurant que ses soins n'étaient
point dirigés par l'intérêt, et mes bon-
tés, disait-il, lui suffisaient. Me voici

arrivée enfin au moment fatal qui a
caufé ma ruine. Je m'étais levée un
jour très-tard, n'ayant pas pu dormir
de la nuit, et j'arrivai pour dîner fans
avoir fait la moindre toilette; on me
fit des plaifanteries mêlées de complimens fur mon extrême négligé, et
même un vieux militaire fe permit
quelqnes réflexions peu mefurées, fur
les avantages qu'il trouvait à un auffi
léger vêtement que le mien. Je n'eus
pas l'air de les entendre et quelque
temps après le dîner le fommeil
m'ayant gagnée, je demandai permif-
sion à la compagnie de me retirer.
Il y avait dans le cabinet où je def-
sinais une ottomane fur laquelle je
me jetai en entrant, ne pouvant plus
réfifter à une extrême envie de dormir. Deux heures environ s'écou-
lèrent depuis cet inftant jusqu'à celui
du plus affreux réveil: je vis en

ouvrant les yeux mon mari et une vieille parente avec laquelle j'avais dîné ; la fureur transportait l'un, et l'autre me regardait avec le plus infultant mépris ; mon mari tenait dans fes mains un portrait de moi qui était égaré depuis quelque temps, il me le montra en me difant, votre noble amant a oublié d'emporter avec lui ce gage précieux de votre tendreffe, et à peine eut-il dit ces mots qu'il le jeta à fes pieds. Ce que je voyais, ce que j'entendais était pour moi inexplicable ; je fondis en larmes, effrayée de tant d'emportement dont j'ignorais la caufe. Qu'ai-je fait ? difais-je. Malheureufe ! un laquais ! répétait mon mari furieux ! la parente levait les yeux au ciel, joignait les mains en difant : qui eût pu croire une pareille baffeffe, et toute une maifon, et des étrangers en font les témoins !

H 5

Rentrez dit mon mari, dans votre appartement que vous n'habiterez pas long-temps. Je fis effort pour m'y rendre, car mes genoux tremblaient et femblaient fe dérober fous moi; en y entrant je tombai évanouie, et trouvai auprès de moi en rouvrant les yeux, une ancienne femme de chambre qui m'avait fecourue dans mon évanouiffement; elle fondait en larmes, et me ferrait tendrement les mains: ah! ma bonne maîtreffe, me difait-elle, ce qu'on dit n'eft pas poffible, je vous connais trop pour le croire. Il eft donc quelqu'un ici, lui dis-je, qui prend intérêt à moi? mais expliquez-moi tout ce que je vois, tout ce que j'entends depuis mon réveil. Alors elle me parla ainfi: je fuis bien fûre que vous êtes innocente Madame; mais grand Dieu que vous êtes malheureufe! Il faut

espérer que Dieu ne vous abandon-
nera pas, et que la vérité percera.
Voici ce que je fais et ce qui caufe la
colère de monfieur le Marquis et met
le trouble dans toute la maifon. Madame fe rappelle bien qu'elle eft ren-
trée après le dîner dans fon boudoir
pour dormir; il y avait à peu près
deux heures qu'elle y était, lorsque
cet Italien qui joue fi bien de la man-
doline, et que Madame aime à entendre, eft venu avec deux ou trois
de fes camarades. Monfieur le Marquis a dit en le voyant, il me vient
une idée, la Marquife dort depuis as-
fez long-temps, et il faut qu'elle
s'habille, il faut la réveiller par une
férénade et qu'elle entende à fon réveil fon air favori. On a applaudi à
cette idée et la compagnie s'eft rendue
dans le jardin fous vos fenêtres. Vous
aviez l'air de dormir, un de vos bras

était étendu et vos mules étaient tombées à terre. Je vais achever, il faut tout vous dire; LA JEUNESSE était à genoux près de vous, et monsieur le Marquis et tous ceux qui étaient avec lui l'ont vu vous baisant la main. Monsieur le Marquis s'est avancé en fureur vers la fenêtre et au bruit qu'il a fait LA JEUNESSE a disparu; tout le monde est rentré consterné et dans l'étonnement; les Messieurs ont pris votre parti, et dit que c'était un insolent, qui méritait punition; monsieur le Marquis allait et venait dans le sallon en faisant des imprécations contre vous, contre toutes les femmes. On est venu lui dire alors que LA JEUNESSE était sorti. Il a dit: cela n'empêchera pas qu'il ne soit pendu, et il a voulu monter à sa chambre, elle était fermée; il a enfoncé la porte, ensuite il a visité tout ce qui était dans son armoire, et voyez ma chère maîtresse combien vous êtes malheureuse, il y a trouvé un petit porte-feuille dans lequel était ce portrait de vous qu'on cherche partout depuis six semaines. Ah! je suis perdue, ai-je dit, et je suis retombée sans connaissance. La fièvre m'a prise bientôt après, et pendant cinq à six jours qu'elle a duré, je n'ai vu que mon médecin et la femme de chambre dont je viens de vous parler. Lorsque j'ai été mieux j'ai parlé de mon affreuse situation à mon médecin, homme d'esprit et plus à portée par son état de savoir, ce qui se passe dans le monde, et les différens jugemens qu'on y porte. Je lui ai fait le récit ingénu de ma vie, et je n'ai pas eu besoin de faire des sermens pour le convaincre de mon innocence. Il ne

I

faut pas vous cacher, dit-il, que vous êtes l'objet de toutes les converfations. La maffe générale fans rien examiner vous croit coupable ; ceux qui vous connaiffent difent que la chofe n'eft pas poffible, que nulle femme ne peut répondre que fon laquais ne lui faffe une infolence pendant fon fommeil ; mais le portrait élève quelques nuages dans l'esprit des mieux intentionnés pour vous, et effectivement, c'eft une bizarre et fatale circonftance. Tout s'eft réuni contre vous, Madame, et il n'a pas été au pouvoir de monfieur le Marquis d'empêcher l'affaire d'éclater, puisque dix perfonnes ont été témoins de la témérité de votre laquais. Son projet eft de vous faire entrer dans un couvent, et vous le défirez fans doute vous-même. Ah! foyez en perfuadé, lui dis-je, et je voudrais qu'il fût à mille lieues d'ici. Il employa tout ce qu'il avait de reſſources dans l'esprit pour convaincre mon mari de mon innocence ; il m'exhorta à oppoſer le courage à la rigueur de ma deſtinée, et me fit le récit de pluſieurs aventures extraordinaires de perſonnes injuſtement accuſées, condamnées même à la mort, et enſuite reconnues innocentes ; ſes ſoins généreux et ſes conſeils portèrent quelque calme dans mon esprit ; il ne parvint pas à affaiblir le ſentiment de mon malheur ; mais il m'inspira la force de m'y réſigner. Mon mari ne me vit plus ; mon père même m'abandonna, et tous deux ſe réunirent pour obtenir un ordre du Roi qui me relégua dans le couvent de * * * * *, m'interdiſait toute communication avec d'autres perſonnes que mon père et mon mari, et chargeait la ſupérieure

de veiller fur ma conduite. L'abattement avait produit en moi une ftu-
pide infenfibilité, et je me laiffai conduire au couvent fans témoigner aucun chagrin de la captivité à laquelle
j'étais condamnée. Quelles paroles
auraient pu peindre ce que j'éprouvai
en me voyant en peu de jours précipitée d'une fituation fi floriffante,
dans un état d'opprobre: j'avais
tout perdu, la liberté, mes amis,
ma réputation; et quand tout vous
accufe, quand toutes les voix s'élè-
vent pour vous condamner, l'innocence femble quelquefois douter d'elle
même, et embarraffé de croire tout
le monde injufte, on fe demande fi
tout ce qui fe paffe n'eft point un
fonge. La fupérieure du couvent
avait de l'esprit et de la bonté; elle
me traita d'abord avec cette compas-
sion que la générofité croit devoir

accorder à tous les êtres souffrans, qu'ils soient coupables ou non; elle fut convaincue peu de temps après que je n'étais que malheureufe; elle me témoigna le plus tendre intérêt, et adoucit autant qu'il était en fon pouvoir la rigueur de ma captivité. Son eftime me valut des égards de la part des autres religieufes et de quelques penfionnaires de mon âge, qui s'empreffèrent de rechercher ma fociété, et de me tenir compagnie. Madame de * * * fut quelque temps fans pouvoir me donner de fes nouvelles; mais enfin elle trouva moyen de m'écrire par une penfionnaire qui fe chargea de recevoir fes lettres et de lui faire parvenir les miennes: elle n'avait point cédé au torrent, et était demeurée inébranlable dans fon eftime et fon amitié. Les témoi- gnages de fes fentimens faifaient ma confolation, et je voyais avec un plaifir infini qu'au milieu de l'aban- don général j'avais confervé une amie ; qu'au milieu des clameurs de la calomnie, il s'élevait une voix qui rendait juftice à mon innocence. Tout ce qu'elle me mandait endurciffait mon cœur contre l'humanité : que de perfidies j'éprouvai de la part de per- fonnes qui m'avaient témoigné de l'amitié, qui étaient affociées à mes plaifirs, et avaient partagé en quelque forte tous les avantages dont m'avait comblée la fortune. Les unes fe dé- fendaient d'avoir eu avec moi des re- lations intimes ; les autres m'accu- faient d'une profonde hypocrifie qui les avait induites en erreur ; fembla- bles à ces harpies qui empoifonnaient les mêts les plus délicieux, elles changeaient auffi en déguifemens per- fides les fentimens d'une ame fenfible et je puis dire vertueufe. Une année s'écoula pendant laquelle je tâchai de me fuffire à moi - même ; le deffin n'était plus pour moi une reffource ; principe de ma perte, cette occupation m'était devenue odieufe. Il ne m'était pas permis de faire venir des maîtres, je fus donc réduite à n'attendre rien que de moi, et je m'appliquai à la lecture. Je faifais des notes fur ce que je lifais, et des extraits propres à me rappeler ce que j'avais lû. J'appris à fond l'Italien dont j'avais déjà une teinture, et le temps paffa affez rapidement. Hélas ! telle eft la trifte condition des hommes que leur bonheur confifte dans la plus prompte confommation de la vie ; tous ne tendent qu'à abréger le fentiment de fa durée : qu'eft - ce donc qu'un tréfor qu'il faut promptement dépenfer pour en jouir, qui nous accable de son poids si l'on ne s'empresse de le diminuer, et dont on regrette vivement la diminution. Mon mari mourut d'une maladie violente, un an après mon entrée au couvent, et deux mois après sa mort, mon père fut emporté d'une attaque d'apoplexie; la mort des deux seules personnes qui eussent des droits sur moi, me rendit à la liberté, et celle de mon père me fit propriétaire d'une fortune considérable, dont la majeure partie était en effets dont je pouvais disposer d'un moment à l'autre. Mon amie était absente, elle avait suivi son mari dans une terre au fond de la Guyenne, qu'elle ne pouvait quitter de plus de six mois; je me trouvai donc sans conseil et sans appui; mais la fortune, si je m'étais prêtée en aveugle aux avances qu'on me fit, aurait bientôt rassemblé autour de moi un cercle d'amis : je connaiſſais trop leur valeur pour me laiſſer entraîner par l'illuſion. Je reçus de tous côtés des lettres de condoléance ſur la mort de mon père, toutes les perſonnes qui m'écrivaient s'empreſſaient de m'asſurer que la calomnie n'avait eu aucune priſe ſur elles, et qu'elles avaient été ſenſiblement affectées de mes malheurs : cinquante mille livres de rente, et un mobilier immenſe étaient devenus des brevets d'une inconteſtable innocence. Un mois ne ſe paſſa pas ſans que je reçuſſe des propoſitions de mariage de la part de perſonnes du rang le plus diſtingué, qui avaient, diſaient-elles toujours été perſuadées de la pureté de ma conduite, et vu avec indignation l'ascendant de la calomnie. Je ſentais trop le prix de ma liberté pour donner à perſonne le droit d'y attenter à l'avenir, et les complimens qu'on me prodiguait, étaient trop clairement dictés par un vil intérêt pour me faire la plus légère illusion. Je balançais sur le parti que j'avais à prendre, quelquefois je faisais le projet de voyager, d'autres fois, je songeais à acheter une belle terre au bout du royaume, et à m'y faire une sorte d'empire par mes bienfaits envers mes vassaux, et par des établissemens favorables à l'humanité; enfin le souvenir du Chevalier venait se mêler à tous mes projets; il ne devait pas rester toujours dans l'Inde, et combien je trouvais de prix à mes biens, lorsque je pensais qu'ils pouvaient contribuer à son bonheur. Au milieu de ces incertitudes, je tombai malade de la petite vérole, et l'on désespéra quelques jours de ma vie. Le soin de ma figure occupa peu les religieuses, et l'on ne prit aucune précaution pour empêcher les ravages de la petite vérole ; on avait écarté de moi les glaces pendant que j'étais malade ; mais lorsque ma convalescence fut décidée, il me fut permis de contempler ce qui me restait de ma beauté passée ; je ne me trouvai pas aussi maltraitée que j'aurais pu l'être ; mais ma figure était absolument changée ; mes traits étaient grossis, et ne présentaient aucune ressemblance avec ce qu'ils étaient avant ma maladie. A mesure que les rougeurs disparaissaient, cette différence semblait plus marquée ; elle me frappa un jour, et contemplant dans ma glace une personne qui n'avait que de légers rapports avec mon ancien *moi*, je me dis, je ne suis pas la même et si je portais un autre nom, la Marquise de * * * ferait entièrement disparue de ce monde, si injuste et si cruel envers elle. Cette idée fit insensiblement des progrès dans mon esprit, et réfléchissant sur ma situation, je sentis que je serais désagréablement dans le monde, et que j'y porterais une perpétuelle inquiétude sur l'opinion de ceux qui me feraient le plus d'accueil; ces réflexions me menèrent à songer que l'honneur réside entièrement dans l'opinion des autres. On peut être, me disais-je, déshonoré ici et considéré dans un autre lieu, où la calomnie n'a pas répandu ses venins; mais si les lieux établissent ces différences de situations, le changement de nom et de figure les rend encore plus marquées. Si j'étais à la Chine, que m'importerait ce qu'on dit de moi en France; si je reste en France avec une figure et un nom différens de celui que j'avais, que

m'importe ce qu'on dit de la Mar-
quiſe de * * * ma conſcience ſuffit à
ma tranquillité, et il me ſera permis
de croire que c'eſt d'une autre qu'on
parle, quand on débitera de moi des
horreurs qui me ſont abſolument
étrangères. Cette manière d'envi-
ſager les choſes me ſuggéra un projet
extraordinaire. Je raſſemblai des
fonds conſidérables que je convertis
en diamans, et en lettres de change,
afin qu'ils fuſſent d'un plus léger volume, et transportables par tout ſans
embarras, et ſans confidens. Cet
arrangement fait, j'annonçai à l'ab-
beſſe que j'allais voyager; je fis des
préſens à toute la communauté, et je
partis comblée de bénédictions, laiſ-
ſant dans les larmes toutes ces bonnes
filles, qui m'avaient vue arriver avec
une eſpèce d'horreur, et m'avaient regardée avec cette curioſité qu'inspire

une illuftre criminelle. Arrivée dans
un petit village fur les frontières de
la France avec un laquais affidé, et
ma vieille femme de chambre, je fei-
gnis de tomber malade, et mes gens
fecondèrent mon deffein avec beaucoup de zèle et d'intelligence; je fis
écrire en même temps à un banquier
à Florence de faire chercher deux domeftiques et une femme de chambre
pour madame la Vicomteffe de * * *
qui avait perdu en route une partie
de fes domeftiques. Ma maladie alla
toujours en augmentant, enfin le moment arriva où je devais être cenfée
morte. Ma femme de chambre eut
l'air défolé, elle remplit la maifon
de fes cris, et annonça que fa maîtreffe avait ordonné que perfonne ne
touchât à fon corps et qu'elle fe chargeait de l'enfevelir. Elle mit à ma
place une bûche, et la nuit je

m'échappai avec fa nièce qui ne me connaiſſait pas, et qui m'attendait à l'extrémité du village dans une chaiſe de poſte. Deux jours après ma femme de chambre vint me rejoindre avec ma voiture ; elle avait bien payé le curé, toutes les formalités avaient été obſervées exactement, et mon extrait mortuaire était en bonne forme. Alors je respirai ; cette femme en proie au mépris n'exiſte plus, me dis-je, et me voilà dans un autre monde, où je puis acquérir de l'eſtime et des amis. J'eus ſoin que la nouvelle de ma mort ſe répandît en France ; les parens de mon mari entrèrent en jouiſſance de mon douaire, et les miens d'une terre et d'un bel hôtel que j'avais conſervés : je me trouvai donc morte pour tout le monde, avec tout ce qu'il fallait pour vivre heureuſe. Je parcourus l'Italie et une partie de l'Allemagne fous le nom de la Vicomteffe de Bel-leval; ma dépenfe empêchait d'élever des doutes défavorables fur mon exiftence. Je me donnais pour une femme de condition qui avait époufé à Conftantinople un vieux mari expatrié dans fa jeuneffe pour duel, et qui avait fait par le commerce une grande fortune dont il m'avait fait héritière. Après avoir ainfi voyagé pendant deux ans, je me rapprochai des lieux où m'appelait le fouvenir du Chevalier. Arrivée à Paris, je m'affurai que je n'y étais pas reconnue, et j'en eus un jour une preuve bien humiliante. J'avais dîné avec plufieurs perfonnes chez un fameux banquier fur lequel j'avais des remifes confidérables à toucher; il nous fit voir après le dîner un cabinet de tableaux très - intéreffans pour les

amateurs. Parmi plusieurs portraits
en miniature, se trouvait le mien; le
même que mon mari avait foulé à ses
pieds; celui qui avait fait prononcer
ma condamnation: je ne l'aperçus
pas, étant tournée d'un autre côté;
mais j'entendis le banquier dire, vous
devez reconnaître cette femme-là.
Ah! si je ne me trompe, dit une des
personnes de la compagnie, c'est la
Marquise de * * * *. Oui, répon-
dit-il, je l'ai acheté à l'inventaire
de son mari, pour la peinture qui est
fort bonne, et la figure qui est charmante: pourrait-on croire qu'une
figure qui a autant de candeur et
d'ingénuité soit celle d'une coquine?
Je tombai évanouie en entendant ces
mots, et poussai un grand cri; on
m'inonda d'eau de Cologne et revenue
à moi, je dis que j'avais vu une grosse
araignée, et que pareil accident

m'arrivait toutes les fois que j'en rencontrais. J'étais venue à Paris pour voir le Chevalier, il en était reparti, et s'était rendu à Londres. L'espoir de l'y trouver me fit entreprendre auſſitôt le voyage; mais je fus long-temps ſans pouvoir rien apprendre de lui. J'allais presque tous les jours à tous les ſpectacles, et aux promenades publiques, espérant toujours le rencontrer. Je déſirais auſſi que ce fût le haſard qui m'offrît à ſes yeux et de voir ſi l'œil d'un amant ferait plus pénétrant que celui des indifférens, et s'il retrouverait mes anciens traits, dans ceux que la petite vérole avait altérés. J'avais peine à m'accorder avec moi-même. Tantôt je déſirais qu'il me reconnût, et tantôt qu'il devînt épris de la nouvelle perſonne que j'offrirais à ſes yeux: alors j'étais jalouſe de moi, et

je me fentais portée à l'accufer d'infidélité. Enfin les amufemens de
l'hiver me procurèrent l'occafion que
je cherchais : je vis le Chevalier à un
bal à *Haymarket* où je m'étais rendue
masquée, et il me fut facile de l'a-
border, et d'entrer en converfation
avec lui, en feignant de le prendre
pour un autre. Aux premiers mots
que je lui dis, il témoigna une furprife extrême. Qu'entends-je, me
dit-il, avec un trouble qui lui permettait à peine de continuer la converfation. Qu'avez-vous lui dis-je ?—
Votre voix, Madame m'a frappé fin-
gulièrement, et j'ai cru entendre une
perfonne dont je regretterai la perte
toute ma vie. Il fe remit un peu et
s'efforçant de me reconnaître, il regardait mes yeux. Ah ! ciel, dit-il
encore, ce font les mêmes yeux....
Je tâchais de rire et de tourner en

plaisanterie tout ce qu'il me disait.
C'est être bien peu galant, lui dis-je,
que de s'occuper d'une autre personne en me parlant; il en convint et
s'excusa sur la singularité des rapports que lui offrait ma rencontre.
Nous nous séparames assez tard, après
être convenus de nous revoir quelques
jours après à un bal qui se donnait
au *Renelagh*. Je le retrouvai à ce
bal, où il était occupé à me chercher
depuis quelque temps. Je m'étais
coëffée de manière à laisser paraître
entièrement mes cheveux, et je vis
bientôt qu'ils fixaient son attention;
il portait successivement ses regards
étonnés de mes yeux à mes cheveux,
et écoutait ma voix avec une égale
surprise; je voulus l'augmenter encore, et j'ôtai mes gants. On avait
admiré la forme et la blancheur de
mes bras, de mes mains et cette

vue acheva de confondre le Chevalier.
Après les avoir confidérés avec une
furprife qui tenait de l'effroi, il tâcha
de voir mes pieds : nouveau fujet
de trouble, enfin il me parcourait des
pieds à la tête pour juger de ma
grandeur. Il regardait ma taille, et
cet article feul n'avait rien qui pût
accroître fon étonnement ; j'étais fort
engraiffée, et habillée d'une manière
négligée, de forte que ma taille n'a-
vait plus cette fineffe que l'on avait
vantée autrefois. Je lui fis des plaifanteries fur cette espèce d'inventaire
qu'il faifait de ma perfonne ; il y répondit par de profonds foupirs, uniquement occupé de celle qu'il regret-
tait. Divers traits de ma converfation qui avaient des rapports avec la
manière de penfer et de fentir qu'il
me connaiffait, le firent retomber
dans une profonde rêverie ; alors je

cherchai à lui donner le change, et je m'exprimai fur plufieurs objets d'une manière contraire à mes principes. Je parlai avec légéreté de la galanterie ; je fis des plaifanteries fur le fentiment ; il m'écoutait toujours avec une égale attention ; mais femblait me dire *vous ne lui reffemblez plus*. Il me demanda plufieurs fois inftamment de me démasquer ; je le refufai, et je me contentai de lui dire que j'irais trois jours après chez la Ducheffe de * * * * qui recevait des masques ; il fut exact à s'y rendre, et comme c'était la dernière occafion de nous retrouver enfemble, il me dit : faut-il donc que ce jour foit le terme de mon bonheur, et ne m'eft-il pas permis d'aspirer à vous faire ma cour chez vous. Il vous paraîtrait, lui dis-je, un peu lefte à moi de recevoir un jeune homme qui n'eft qu'une connaiſſance de bal, et dont j'ignore le nom et la conduite. J'en conviens, reprit-il, et il me demanda alors de daigner lui dire les maiſons où j'allais, en m'aſſurant qu'il trouverait moyen de s'y faire admettre, qu'il ne pouvait renoncer au plaiſir de me voir, dont il s'était fait pendant dix ou douze jours une douce habitude; que la familiarité du bal avait donné à notre connaiſſance une ſorte d'intimité, qui n'avait pas lieu ſouvent après trois mois d'aſſiduité. Je dis au Chevalier qu'étant arrivée depuis peu, je ne connaiſſais encore que mon banquier. Dès qu'il ſut ſon nom qui était très-connu, il parut au comble de la joie. Dans deux jours, me dit-il, j'aurai trouvé moyen de me faire prier à dîner chez lui, et rien ne me ſera plus facile que d'y revenir auſſi ſouvent que je le voudrai. Trois jours

après je vis entrer chez monsieur de
* * * le Chevalier au moment de se
mettre à table. Il me fit une révé-
rence respectueuse. J'entendis qu'on
lui demanda s'il me connaissait; il dit
qu'il avait eu l'honneur de me rencontrer au bal chez la Duchesse de *
* * *. Après le dîner nous causames
quelque temps ensemble, et il vint à
l'opéra dans la loge de Milady * * *
qui m'y avait proposé une place. Après
nous être ainsi rencontrés plusieurs
fois, il me renouvela sa prière d'être
admis chez moi, et je crus alors n'a-
voir rien à objecter à un homme de
son nom et de sa réputation. Il devint de jour en jour plus empressé de
me voir, et souvent il passait la soirée
entière tête à tête avec moi. Tous
mes malheurs étaient effacés de mon
esprit, et je suivais en toute liberté
le penchant qui m'attirait vers le

Chevalier; la perspective d'un bonheur légitime et durable s'offrait à
mon imagination; l'univers entier qui
m'avait depuis long - temps semblé
couvert de deuil, s'embellissait
à mes yeux, comme lorsque le
printemps succède à l'horreur d'un
hiver rigoureux. Je renaissais en
quelque sorte, et tout acquérait du
prix à mes yeux: c'était, si j'ose le
dire, une convalescence de l'ame.
Le Chevalier ne me parlait plus des
rapports qu'il trouvait entre moi et
cette autre femme; il craignait de me
choquer, en retraçant des charmes,
dont le souvenir si durable semblait
devoir s'opposer à l'effet des miens.
Il lui échappait cependant quelquefois
des mots qui rappelaient ses anciennes
amours; mais il fallait être au fait
comme moi pour y faire attention.
Un soir qu'il avait soupé avec moi,

nous parlames du mariage d'un homme fort connu dans le monde, et qui avait été long - temps traverfé dans fon amour par la femme qu'il époufait. C'était la nouvelle du jour; on racontait mille incidens qui avaient contrarié leur paffion, et enfin, le bonheur dont ils offraient l'image, était l'entretien général des perfonnes qui prétendaient à la fenfibilité. Le Chevalier s'attendrit au récit de leur bonheur, et je ne fus pas moins émue. Ah! me dit-il, Madame, pourquoi faut-il qu'un tel fpectacle faffe mon tourment? Quoi, Chevalier vous êtes envieux de la félicité d'autrui? — J'y applaudis; mais un trifte retour fur moi-même, en me faifant voir que je la mérite, m'indigne auffi contre les obftacles. Il fe jeta à mes pieds fans prononcer une parole, et couvrit mes mains de baifers,

enflammés. Je m'efforçai de le faire
relever, les larmes inondèrent mes
joues, et lui firent connaître que je
partageais ses tendres émotions. Cette
déclaration muette était plus élo-
quente que les discours les plus pas-
sionnés : Quand deux cœurs éprouvent
les mêmes sentimens, les mouvemens
qu'ils inspirent devancent et surpas-
sent les paroles. Nous devinmes
tous deux plus calmes par la certi-
tude de notre mutuelle tendresse, et
alors je lui dis : Chevalier, vous avez
aimé vivement, comment puis-je
être assurée que votre ancien amour
ne vit peut-être pas au fond de votre
cœur, et qu'il ne se ranimera pas à
la première occasion ? Il me dit alors
que sa maîtresse était morte depuis
plus de deux ans ; mais que sa fran-
chise ne lui permettait pas de me
cacher que ma ressemblance avec elle,

avait fait naître les premières impres-
sions que j'avais faites sur lui. —
C'eft donc elle, que vous aimez en
moi? — mais quelle peine peuvent
vous faire mes fentimens pour une
perfonne qui n'eft plus. J'ai été frappé
de la beauté d'une rofe et j'ai couru
après une autre, femblable en tout
à la première. Il ne s'agit point de
perfonnes, mais de beauté; mais d'esprit; mais des qualités de l'ame; eh
bien! le modèle que je m'en fuis fait,
l'idée du beau, le principe d'affection
que la nature a gravé en moi, fe font
trouvés dans deux perfonnes, et j'ai
aimé dans elles deux les mêmes per-
fections. Vous finirez, lui dis-je,
par me perfuader; mais ne pouvant
juger de moi-même par vos éloges,
je voudrais, pour juger fi la paffion
ne vous fait pas illufion, favoir quelle
était la perfonne que vous avez vue

fous un aspect auffi favorable. Il fut un moment embarraffé et me dit c'eft Madame de * * *, hélas ! je crois n'être point indiscret en prononçant fon nom, lorsque j'ajouterai qu'elle n'a jamais donné le plus faible encouragement à ma paffion. A ce nom qui était le mien, je me récriai et lui dis, c'eft une femme abominable ; les larmes lui vinrent aux yeux ; — vous me percez le cœur, Madame, mais je ne puis vous en vouloir, vous fuivez le torrent, et telle eft l'injuftice du monde. J'ai été témoin de trois aventures qui lui ont fait le plus grand tort, eft j'ai vu de mes propres yeux fon innocence ; j'étais abfent au moment où le bruit de l'indigne commerce qu'on lui a imputé a éclaté, et je fuis autorifé à croire qu'il n'avait pas plus de fondement que les autres. J'ofe dire qu'elle

m'aimait, et c'eſt pour la juſtifier
que cet aveu m'échappe ; ſes regards,
ſa contrainte, le plaiſir qu'elle pre-
nait à m'écouter, l'intérêt qu'elle
montrait pour tout ce qui me tou-
chait, m'en ſont de ſûrs garans, et
malgré ces ſentimens, dont je ne
puis douter, la plus ſévère vertu op-
poſait une digue inſurmontable à
leur exploſion. Puis - je croire après
cela, Madame, après les autres aventures que cette femme eſtimable,
réſervée, ſuperſtitieuſe dans ſa vertu
ſe ſoit abandonnée ....! je n'ache-
verai pas, je ne lui ferai pas le tort
de la juſtifier .... Je ne fus plus
la maîtreſſe de me contenir et me
jetant au col du Chevalier: elle vit
encore, lui dis - je, cette ancienne
amie que vous défendez avec tant de
force, cette amie que vous croyez
aimer dans une autre. Il s'écrie; il

ne fait s'il rêve; fi tout ce qu'il voit eft une illufion; il m'embraffe mille et mille fois, et tombant fur un ca-napé hors de lui, il me demande de m'expliquer. Il me regarde à plu-fieurs reprifes, et la paffion qui a donné un nouvel éclat à mes yeux, qui anime tous mes geftes, femble me rendre mes premières formes, ou du moins les faire paraître plus fen-fiblement. Ah! c'eft elle, reprit-il mille fois, elle fort de la tombe et fans doute pour me rendre heureux. Non, rien ne pourra plus nous fé-parer. Je lui racontai tout ce qui m'était arrivé, dont vous venez d'en-tendre le récit, et il refta long-temps dans une espèce d'extafe à force de furprife, et de plaifir.

Vous penfez bien qu'étant libres tous deux, nous ne tardames pas à nous unir; mais hélas! la deftinée ne m'accorda jamais que des éclairs de bonheur ; à peine avions nous formé des nœuds si chers, que le Chevalier, qui avait pris le nom de Vicomte, reçut plusieurs lettres de sa mère qui désirait le voir, disait-elle, avant de mourir. Le Vicomte n'était point Emigré, et il ne paraissait pas qu'il y eût aucun danger pour lui de rentrer en France. Dans le même temps un de ses gens força mon secrétaire, et prit une somme de cent-mille écus en effets publics, payables au porteur, et une partie de mes diamans ; il ne me resta que ceux que j'avais sur moi et cinquante-mille francs que j'avais à toucher chez mon banquier. Le vicomte de Vassy désespéré d'être en quelque sorte la cause de mon malheur, désirant y remédier, et se rendre aux désirs de sa mère, prit la résolution d'aller à

Paris; il se flattait de pouvoir en revenir dans peu et d'en rapporter des fonds suffisans pour nous faire vivre dans l'aisance. Je l'attendis un mois à Londres où je ne recevais de ses nouvelles que par des voies indirectes; enfin il me manda que la voie de mer n'était point praticable; mais qu'il avait un moyen de s'échapper par la Suisse et qu'il me priait de me rendre en Hollande, où je trouverais en arrivant de ses nouvelles. Je me rendis à Rotterdam où je ne trouvai point les lettres qu'il m'avait annoncées; j'attendis plusieurs jours et ne pouvant résister à mes inquiétudes, je partis pour la France; arrivée à Paris j'appris d'un de ses amis qu'il était à une de ses terres près de Lyon, où je savais qu'il avait l'espoir de rassembler des fonds; je n'hésitai pas à m'y rendre. On m'arrêta à Lyon, et comme je montrai de l'embarras pour dire mon véritable nom, on trouva avec raison mes réponfes équivoques; je fus arrêtée et deux jours après je reçus mon acte d'accufation. Je me couchai d'affez bonne heure, l'esprit agité de mille craintes, et l'ame déchirée de la douleur qu'éprouverait le Vicomte. Une des prifonnières vint fe placer à côté de moi, et m'adreffa à voix baffe la parole, lorsque les autres femmes qui habitaient ce trifte féjour, et qui étaient féparées de moi par un pilier furent endormies. N'ayez point de peur, me dit-elle, et écoutez moi; je fuis l'amie, la maîtreffe, comme vous voudrez, d'un de plus déterminés Jacobins; et fi je fuis en prifon, c'eft qu'il a bien voulu que pour l'exemple je me foumiffe à une courte et légère correction pour une infraction à la police; j'ai donné

un foufflet à la femme d'un Préfident de Département, voilà mon
crime, et je dois fortir demain.
Quelques foient mes fentimens, mon
cœur n'eft point infenfible, votre figure m'intéreffe, et je crois que
vous méritez un fort plus heureux
que celui dont vous êtes menacée;
je puis vous fauver la vie, comme
vous la faire perdre . . . . A ces
mots je parus interdite; n'ayez point
avec moi de crainte ni de réferve,
et foyez perfuadée que c'eft un bonheur pour vous de m'avoir rencon-
trée; c'eft à vous de favoir en profiter.
Je fortirai demain, et je mettrai en
mouvement les *Meneurs* de cette ville
pour vous fauver. Il faudra les ré-
compenfer, et je fuppofé que par
vous ou par vos amis, vous en trou-
verez les moyens; quant à moi je
m'en rapporte à votre générofité.

Cette femme fans crainte comme fans remords, avait l'air fincère, et fon intérêt bien entendu était de me fervir; mon ame s'ouvrit à l'efpérance, et je l'affurai de ma reconnoiffance. Mon ami, dit-elle, fera parler demain de votre affaire dans les clubs et les caffés de la manière qui lui paroîtra convenir à vos intérêts, et fi cela eft plus avantageux, on empêchera qu'il en foit parlé. Le jour que vous ferez interrogée, il y aura un certain nombre des nôtres dans la falle mêlés avec le peuple, qui applaudiront à toutes vos réponfes; un plus grand nombre s'y trouvera le jour de votre jugement, et fi les juges paraiffaient vous être contraires, les clameurs des nôtres les intimideront, et les forceront à décider en votre faveur. Je remets à cette femme une bague de deux-mille écus, et pour vingt-mille livres de lettres de change, qui furent partagés entre fon amant, et les agens qu'il avait employés. Tout fe paffa comme elle me l'avait annoncé, et je fus mife en liberté. Elle fe trouva dans la falle lors de mon jugement et m'engagea à me rendre chez elle, lorsqu'il eut été prononcé. Ce n'était pas le moment d'écouter les fentimens que cette femme aurait, dans toute autre circonftance, excités en moi; je lui devais la vie et ne fongeai qu'à ma reconnoiffance, et au befoin que j'avais encore d'elle pour me diriger. Peu de temps après mon arrivée chez elle, fon amant entra; c'était un homme de trente ans, d'une figure animée et fpirituelle, il s'empreffa de m'exprimer fa fatisfaction de m'avoir fervie, et remarquant que j'étais furprife de voir un homme qui

avait l'air d'avoir reçu une excellente
éducation, fe confondre en quelque
forte avec les plus vils fcélérats, il me
parla en ces termes : „ J'ai eu des
paffions vives, elles ont confumé ma
fortune, je fuis né avec de l'ambition,
et les circonftances où je me fuis
trouvé n'étaient pas propres à la fervir. La Révolution eft venue, et m'a
offert des reffources pour réparer ma
fortune et des moyens de m'élever.
Je n'y tiens point par fyftème, et
l'intérêt feul m'y a attaché ; je vois
fous leur véritable aspect les excès
et les attentats des Jacobins, et je fervi-
rais avec plaifir la caufe Royale, fi elle
m'offrait des avantages déterminans.
Cette femme que vous voyez, qui eft
belle, jeune, aimable, a le plus excellent naturel, et partage cependant
mes fentimens.“ La femme à ces
mots jeta fur lui un regard touchant,

elle était prête à voler dans ſes bras.

.... Ah! dit-elle il a bien raiſon, croyez que nous voudrions tous deux rétablir l'ordre. Elle me ſerra enſuite les mains affectueuſement, et regardant ſon amant : nous devons nous applaudir d'être dans le parti révolutionnaire puiſque nous avons été par là à portée de ſauver une Dame auſſi intéreſſante. Je demandai à ſon amant ce qu'il penſait du retour à la monarchie : je connais, me dit-il, les principaux perſonnages de la dangereuſe faction des Jacobins et mon eſprit n'eſt offuſqué par aucun enthouſiasme ; le rétabliſſement de la monarchie n'eſt pas douteux ſi l'on ſait préparer les voies, répandre de l'argent à propos, entretenir dans la multitude une ſourde et continuelle fermentation en faveur de tel ou tel parti, et lui donner tout à coup une direction imprévue. Mais

l'on se trompe bien si l'on croit fou-
mettre les Français en faifant entrer
chez eux des troupes étrangères, qui
ont pour but l'intérêt de leur prince
et le partage de la monarchie. . . . .
Non, non jamais les Français, tant
qu'ils auront une goutte de fang dans
les veines, ne fouffriront qu'on dé-
chire leur pays, et qu'on s'empare
d'eux comme d'un troupeau. Ses
yeux s'enflammaient à mefure qu'il
parlait fur ce fujet, et je vis par là que
les hommes les plus pervers ont un
patriotisme. Je leur demandai s'ils
avaient entendu parler du Vicomte de
VASSY; ils n'en avaient rien entendu
dire; je leur expofai qu'il n'était pas
Emigré; l'homme leva les épaules;
Madame, me dit-il, dans les temps
actuels il n'eft pas queftion de juftice,
il eft riche, il eft homme de qualité . .
. . . . . mais je ne fuis pas fans espoir,

donnez-moi fon nom, la date de fon arrivée, j'écrirai, je ferai agir et je crois pouvoir vous répondre de fa vie. J'embraffai la femme qui était près de moi, et je la couvris de mes larmes, en la fuppliant de foutenir les favorables difpofitions de fon amant, et je tirai de mon doigt une autre bague que je la priai d'accepter. Ils firent difficulté de la prendre, enfin ils cédèrent en difant qu'elle ferait employée à la libération du Vicomte. J'abrège mon récit qui n'a plus rien d'intéreffant. Je fus obligée de quitter la France, déguifée ainfi que ma femme de chambre, et par les foins de mon libérateur, qui me procura des paffe-ports fous un autre nom, j'arrivai à Bâle, d'où je me rendis à Francfort et enfuite à Mayence. Les Français s'approchèrent de cette dernière ville et me forcèrent à m'éloigner

pour être en sureté. Ma santé s'al-
téra, des secousses si vives et si multipliées avaient affaibli mes organes;
le désespoir s'est ensuite emparé de
moi, et ses violens accès interrompent
quelquefois la profonde mélancolie
qui me consume. J'apprends chaque
jour que plusieurs infortunés compa-
gnons du Vicomte sont tirés des pri-
sons pour être conduits à la mort...
je frissonne en lisant leurs noms, et
je ne suis pas rassurée par l'absence du
sien sur une liste. Comme il y a cinq à
six jours entre le départ du courrier
et son arrivée, quand je vois avec
un transport de joie que mon mari
n'est point sur la liste fatale du premier
du mois, cette joie se change bientôt
en inquiétude, en songeant qu'il a pu
être immolé chacun des cinq jours
qui suivent, et au moment même où
je me félicité d'apprendre qu'il existait

encore. Accablée par le malheur, l’espoir a fui de mon ame, et mes triftes jours font à leur terme. Les fymptômes du dernier acte des maladies de poitrine m’annoncent ma prochaine et inévitable fin.

Voilà, mes chères amies, l’énigme de ma vie expliquée; ménagez mon faible courage, votre douleur et vos larmes feraient pour moi un fpectacle déchirant . . . . ! Je ne veux plus entendre parler de la France, je puis tout craindre et ne puis rien défirer. Si mon mari apparaiffait fubitement dans ma chambre, le plaifir de le voir ferait empoifonné par la néceffité de m’en arracher dans peu pour jamais, et le Chevalier ne furvivrait pas au désespoir de ma mort, dont il ferait le témoin. J’ai mis quinze jours à faire cette lettre; fon désordre, la négligence qui y règnent font une preuve de mon abattement et de ma faibleſſe. Si cette lettre était jamais publique, elle ſerait une grande leçon pour ceux qui ſe li-vrent à des jugemens haſardés, et elle apprendrait à ſe défier des ap-parences les plus ſpécieuſes.

LETTRE XCV.

—

Melle Emilie
a
La Cesse de Loewenstein.

La Vicomtesse n'est plus, ma chère Victorine ; venez de grâce passer deux jours, un jour au moins, avec moi.

Quelle affreuse année que celle-ci ! que de victimes immolées, que de sang a coulé, et le glaive est suspendu sur la fille de Marie Therese ; son affreuse situation désole ma mère qui adorait Marie Therese et je partage sa douleur. L'ami du Marquis

a bien raifon quand il dit, que fes in-
fortunes font au delà de l'Empire de
la langue. Combien il me tarde que
cette année foit finie; c'eft une fuper-
ftition; mais il me femble que fon
cours entier doit être marqué par les
plus terribles événemens; mon cœur
eft oppreffé, mon esprit couvert des
plus fombres nuages. Venez ma
charmante amie, vous craindrez avec
moi, vous pleurerez avec moi. Adieu,
je vous attends et vous embraffe.

LETTRE CXVI.

LA DUCHESSE DE MONTJUSTIN
AU
MARQUIS DE ST. ALBAN.

Il faut encore, mon cher cousin, que je vous importune de ma morale. L'intérêt que je prends à une femme que vous adorez m'y oblige, et vous me remercierez un jour d'une sévérité qu'il m'est bien pénible d'exercer.

Nous étions convenus que vous rendriez vos voyages à Lœwenstein moins fréquens, et que vous vous observeriez scrupuleusement en présence du mari de la Comtesse et éviteriez de vous trouver tête à tête avec elle, pour ne pas l'embarraffer; quel eft l'effet de ces belles promes-ses? Vous êtes fans cesse chez Madame de Loewenstein; le Commandeur vous y engage, vous en presse, voilà votre excufe pour le premier article; mais eft-il donc impoffible de refufer quelquefois le Commandeur, de trouver des prétextes pour refter chez vous, ou pour venir à Francfort. Vous avez évité, j'en conviens, de vous trouver feul avec la Comteffe, mais quelle eft votre maintien avec elle? vous ne montrez pas d'empreffement, mais votre filence, votre air préoccupé et fombre font bien plus fignificatifs que ne le ferait l'empreffement le plus marqué, et font plus embarraffans pour la Comteffe; vous ne prenez fouvent aucune part à la converfation, et

lorsque la Comtesse parle, vous sem-
blez sortir d'un songe profond, votre
visage sombre s'éclaire à l'instant, vos
regards se portent involontairement
vers elle et il est aisé d'y lire tout le
feu de la passion. Vous ne la louez
pas, mais dès qu'elle cesse de parler,
vous retombez dans votre léthargie.
Le mari sans être un aigle pour la
pénétration observe ces changemens
si prompts, et j'en suis aussi assurée
que s'il me l'avait dit ; le bruyant
Commandeur n'y prend pas garde,
parce que lorsqu'il est en train de
faire ses récits de guerre ou de galanterie, il prend le silence pour de
l'attention ; la mère croit que vous
êtes occupé de vos malheurs, et cependant porte quelquefois sur vous
et sa fille des regards à la fois inquiets, et attendris ; la Comtesse
gênée et triste, redouble d'attention

pour fon ouvrage, et fixe fes yeux
fur fon métier; voilà exactement ce
que j'ai vu pendant trois jours, et
ce qui m'a fait beaucoup de peine,
en portant fur-tout mes regards fur
l'avenir. Un tel état de gêne ne peut
fubfifter, et je crains quelque explo-
fion dont les effets pourraient être
à jamais funeftes au repos de mon
amie; elle m'a parlé dans notre dernier voyage de la princeffe de CLEVES,
et cela ne venait pas fort à propos;
il était clair qu'elle était frappée par
la reffemblance de pofition, et en me
parlant de l'embarras d'une femme
vertueufe, qui cherche un appui
contre elle-même, et fe débarraffe
par la plus étrange confidence d'un
fecret qui lui pèfe; c'était elle-même
que la Comteffe avait en vue. Tout
cela, me direz-vous, mon Coufin,
n'eft que conjecture de ma part; eh

bien ! je le vois, il faut des preuves
et en voici ; lifez cette lettre de la
mère de la Comteffe, vous y verrez la
follicitude qu'excite en elle la mélancolie vifible d'une fille qu'elle adore.
Mademoifelle Emilie m'a confié cette
lettre à laquelle elle a été fort embarraffée de répondre. Elle a pré-
féré d'aller à Lœwenftein, et d'avoir
un entretien avec la mère de la Comteffe, à qui elle a perfuadé que l'état
de fa fille venait uniquement de la
difpofition de fon corps, et que l'exercice et la diffipation étaient les feuls
remèdes à y apporter ; mais l'aimable
Emilie n'en eft pas moins inquiète
de fon amie ; elle trouve que chaque
voyage que vous faites ici empire fa
fituation ; tantôt la Comteffe veut fe
confier à fa mère, tantôt elle fonge
à faire un voyage en Weftphalie.
Mettez fin à tant de troubles, mon

cher coufin, refufez le Commandeur lorfqu'il vous preffe d'aller à Lœwen-ftein; allez paffer quinze jours, un mois avec le Préfident; enfin, faites de bonne foi tout ce qui eft en vous pour éviter de voir la Comteffe; quand je vous parle de bonne foi, ce n'eft pas que je doute de la vôtre; mais j'ai fouvent éprouvé que lorfqu'on eft dans le cas d'avoir à fe décider entre deux partis, et qu'il eft queftion de quelque chofe qui touche notre cœur, l'efprit fe preffe de déférer à ce que le cœur exige, et fe contente alors des plus faibles raifons.

Adieu, mon cher coufin, je vous conjure au nom de votre amitié pour moi, et pour dire mille fois plus, au nom de votre tendreffe pour la Com-teffe, de réfléchir attentivement fur ma lettre. Adieu encore. Je re-nouvelle toujours avec un nouveau plaisir à mon cher cousin l'assurance de mon éternelle amitié.

LETTRE XCVII.

—

LA CesSE DE LOEWENSTEIN
A
MElle EMILIE DE WERGENTHEIM.

J'y ai bien réfléchi, ma chère Emilie, et je persiste dans le parti dont je vous ai fait part, tout extraordinaire qu'il soit; il ne m'est pas possible d'interdire au Marquis de venir chez ma mère; car je n'ai aucune raison de fermer sa maison à personne, et quand je l'aurais, ma famille n'aurait-elle pas lieu d'être surprise du changement de ma conduite' envers un homme qui a sauvé la vie à ma mère. Vous me demanderez ce que je crains, et vous répondrez, direz-vous, de votre Victorine. J'ose croire que vous n'auriez rien à risquer; mais si je ne redoute pas de me livrer à une honteuse faibleffe, et d'être précipitée dans le crime, je défire d'éviter la préfence du Marquis fans faire aucun éclat, fans que mon oncle, mon père, mon mari s'en aperçoivent; je défire d'éloigner toute occafion d'être feule avec lui; enfin je veux avoir un confident févère et indulgent tout à la fois, qui m'éclaire de fes confeils, qui me mette en garde contre mon propre cœur, dont la préfence m'en impofe, qui furveille mon maintien, mes regards, qui m'avertiffe de la familiarité de mes manières qui peut enhardir l'un ou éclairer les

autres : voilà, ma chère Emilie, tout
ce que je trouverai dans ma mère;
je la ferai lire dans mon cœur, et ne
lui apprendrai peut-être rien. Que
fais-je si je n'ai pas fait des impru-
dences qui m'ont compromise ! la réputation d'une femme tient à si peu
de chose; la malignité est si habile à
pénétrer, si prompte à publier ses dé-
couvertes, si disposée à les exagérer !
Ma mère pourra changer le cours des
conversations, surveillera les regards
des autres comme les miens, et bientôt le Marquis se verra forcé à con-
centrer une passion qui s'éteindra enfin par un manque absolu d'alimens.
Si j'avais le bonheur de vivre avec
vous, mon Emilie, je ne hasarderais
pas une telle confidence, vous suffi-
riez pour me préserver de tout danger; mais dans la situation où je me
trouve, je la crois nécessaire; à chaque

inſtant mon oncle, ma mère preſſent
le Marquis de venir ici, et font naître
les occaſions de me rapprocher de lui;
ſouvent ma mère s'abſente, et m'ex-
poſe au danger d'un tête à tête, enfin
c'eſt elle, c'eſt mon oncle qui m'ont
valu une déclaration: elle ceſſera de
conspirer en quelque ſorte contre moi,
quand elle ſera inſtruite ſur ſes ſentimens et ſur ma faibleſſe. Vous avez
tort de me comparer à la Princeſſe de
CLEVES qui ſe confie à ſon mari; elle
ne pouvait que le rendre malheureux
par cette imprudente confidence, et
devait craindre de trouver en lui au
lieu d'un témoin éclairé et impartial,
un argus inquiet dont la jalouſie trou-
blerait la vue. N'allez pas croire
cependant, ma chère Emilie, que la
violence de la paſſion me ſurmonte,
et qu'une dernière étincelle de raiſon
me fait avoir recours à un remède

auſſi extraordinaire; mon esprit eſt facile à s'alarmer pour tout ce qui concerne ma réputation et mes de-voirs, comme mon cœur pour les ob-jets qui l'intéreſſent, et ils changent ſouvent tous deux, des chimères en réalités. Cette dispoſition craintive, jointe à mon entière confiance en ma mère m'ont ſuggéré cette idée. Je me reproche, quelqu'en ſoit l'objet, qu'il y ait, comme vous vous expri-mez quelquefos, une caſe dans mon esprit ou mon cœur qui lui ſoit fer-mée. Ce n'eſt pas en ſendant mon cœur que j'ai formé cette réſolution; mais d'après les empreſſemens de ma mère à voir le Marquis, à favoriſer nos entretiens enſemble. Elle a de moi une trop haute idée, et rendant juſtice au Marquis, elle s'empreſſe de faire naître des occaſions pour moi de cauſer avec lui, comme on ſe plait à faire voir à un connaiſſeur un beau tableau qu'on eſt fier de poſſéder. Elle croit auſſi qu'il y a beaucoup à profiter pour moi dans la converſation d'un homme, qui joint à un esprit ſupérieur, à une expérience qu'on n'acquiert qu'avec l'âge, la vivacité d'imagination de la jeuneſſe, et la chaleur que donne à l'ame la ſenſibilité; et quant à cette dernière opinion, vous conviendrez je penſe, avec moi, qu'elle ne ſe trompe pas. J'attendrai votre réponſe avant de parler à ma mère; j'y ſuis déterminée; mais je me ſuis toujours ſi bien trouvée de vos conſeils, que ce n'eſt pas ſans répugnance que je me refuſe à les ſuivre. Peut-être me préſenterez-vous ma démarche ſous des aspects qui ne m'ont pas frappée, et la combattrez-vous avec de nouvelles et plus fortes raiſons.

LETTRE XCVIII.

—

Mᴇʟʟᴇ Eᴍɪʟɪᴇ
ᴀ ʟᴀ
Dᴜᴄʜᴇssᴇ ᴅᴇ Mᴏɴᴛᴊᴜsᴛɪɴ.

Vous favez, madame la Ducheffe, avec quel empreffement je me fuis occupée d'obtenir le pardon du Marquis, et de rétablir le calme dans fon esprit ; il s'agit aujourd'hui du repos de la Comteffe, de fon bonheur peut-être, et j'espère vous trouver auffi zélée pour fes intérêts que je l'ai été pour ceux de votre cher coufin. Des circonstances dont je vous rendrai compte, dans le cours de cette lettre, écrite

dans le trouble, déterminent ma démarche auprès de vous. Il y a déjà
long - temps que j'ai pensé que la vivacité des sentimens du Marquis, et
pour parler nettement son amour, peut
devenir fatal au repos de mon amie.
Rien n'est en général plus facile à
une femme, que de se dérober aux empreffemens d'un homme, et d'oppofer
la froideur et la févérité à fes ardeurs
indiscrettes ; la fingulière pofition où
fe trouve la Comteffe ne lui permet
pas, non-feulement d'éloigner le Marquis, mais même de le traiter froidement ; la reconnaiffance lui fait un
devoir de le traiter en toute occafion
d'une manière diftinguée et amicale,
et elle femblerait ne pas chérir tendrement fa mère, fi elle ne prodiguait pas les témoignages d'affection
à un homme qui lui a fauvé la vie :
combien cependant ces innocentes

marques d'une amitié si naturelle ne font-elles pas dangereuses! elles attisent sans cesse dans le cœur de votre parent, un feu dont il n'est pas toujours le maître d'empêcher l'explosion: le Comte de LOEWENSTEIN est porté naturellement à la jalousie, et s'il n'a pas vu sans inquiétude les empressemens de nos bons Germains, jugez de celle que doit lui faire éprouver un jeune homme, qui joignant un esprit agréable à toutes les grâces extérieures, a su acquérir si jeune encore une réputation de talent militaire, et de valeur éprouvée, si propre à faire un grand effet sur nous autres femmes qu'on dit être sensibles à l'éclat et à la célébrité. La jalousie du Comte est contenue par ses égards intéressés pour le Commandeur, il n'ose témoigner son aversion pour un homme qui lui est cher; mais la Comtesse s'aperçoit quelquefois du déplaifir qu'il éprouve lorsqu'on parle avec éloge de la perfonne du Marquis ; lorsque fa mère et le Commandeur s'entretiennent de l'obligation qu'ils ont à fon courage. La Comteffe eft donc forcée fans ceffe, Madame la Ducheffe, de s'obferver afin d'éviter de donner de l'aliment à l'amour de l'un, et à la jaloufie de l'autre. Si l'on fuppofait que le cœur de la Comteffe n'eft pas demeuré tout à fait infenfible au mérite et aux agrémens du Marquis, fi elle avait à contenir fes propres fentimens .... vous fentez que fa fituation ferait encore plus embarraffante. Je ne dirai pas qu'elle puiffe avoir des combats à fe livrer ; l'empire de la vertu eft trop bien affermi dans fon ame ; mais elle peut être inquiète, elle peut craindre qu'un commerce intime avec un homme aimable ne lui faffe faire trop de progrès dans fon cœur. Je parle à une femme d'esprit, à une femme fenfible et honnête, je n'en dirai donc pas davantage, et je fuis perfuadée qu'elle penfe comme moi, qu'il ferait à défirer que le Marquis s'éloignât pour quelque temps.

J'ai commencé ma lettre en difant que des circonftances particulières me déterminaient à me hâter de vous confulter, les voici, madame la Ducheffe, et vous jugerez de leur importance. Hier nous avons eu à dîner la vieille comteffe de LINDORF, dont les aventures galantes ne vous font pas tout à fait inconnues; c'eft une femme qui, par l'ascendant de l'esprit, par de bonnes œuvres multipliées, et par la confidération que donne une grande naiffance et la richeffe, a fu faire oublier fa conduite paffée. La comteffe de LOEWENSTEIN s'eft mife après dîner à fon ouvrage, et madame de LINDORF a fait la converfation avec le Commandeur; ils fe font entretenus de leur vieux temps et le Commandeur lui ayant dit: vous fouvenez-vous d'une certaine dame qui difparut un beau jour avec fon amant; la famille voulut faire croire qu'elle avait été aux eaux; mais on n'en fut pas la dupe. C'était une femme déterminée, que celle-là, et qui s'embarraffait peu du qu'en dira-t-on. La comteffe de LINDORF l'interrompit: paix, paix monfieur le Commandeur, lui dit-elle, cette femme n'a jamais eu qu'une grande paffion qui a caufé tous fes malheurs; au lieu de la déchirer difons comme dans l'évangile: *beaucoup de péchés lui feront pardonnés, parce qu'elle a beaucoup aimé.* A ces mots le comte de LOEWENSTEIN a fait une mine très-expreffive, en

regardant fa femme qui ne l'a pas vu ;
mais elle ne m'eft pas échappée. Le
foir il m'a dit à la promenade, après
une courte rêverie et à propos de
rien : vous avez entendu la vieille
Comteffe, fa morale n'eft pas févère,
et pour peu qu'une femme aime bien,
elle peut faire toutes les fottifes
qu'elle veut. Je me fuis mife à rire
pour éviter une plus ample differta-
tion. Le chagrin et l'inquiétude étaient
dans mon cœur, pendant qu'un rire
forcé était fur mes lèvres ; mais, madame la Ducheffe, il faut tout vous
dire, l'humeur de la Comteffe eft
changée depuis quelque temps ; on
voit qu'elle s'efforce pour prendre
part à la converfation, et deux fois
je l'ai furprife dans fon oratoire à des
heures qu'il ne lui eft pas ordinaire
d'employer à la prière ; je l'ai furprife les yeux en larmes et je fuis

convaincue que fatiguée de sa position, elle s'adresse à Dieu pour en obtenir des consolations, et que fais-je, peut-être pour lui demander des forces. Vous savez combien cette femme estimable est attachée à ses devoirs, et quel empire a sur elle la religion; voilà, bien des motifs qui doivent la rassurer; mais en général, son système est de fuir le danger. Elle m'a annoncé qu'elle désirait faire un voyage en Westphalie avec son mari, pour se dérober aux empressemens du Marquis; n'est-il pas plus naturel que ce soit lui qui s'éloigne. Il a fait des démarches pour être employé à l'armée de CONDÉ. Mais il pourrait en attendant aller voir son ami le Présibent: donnez-lui de grâce ce conseil, avec tous les ménagemens que la circonstance exige; il serait bien imprudent de faire connaître à la plupart

des hommes qu'ils peuvent être dangereux ; mais le Marquis eſt trop honnête pour qu'on puiſſe avoir cette
crainte avec lui. Adieu, madame la
Ducheſſe, cette lettre ne vous apprendra rien peut-être, et ſi cela
eſt, ſon effet n'en ſera que plus dé-
ciſif, parce que vous verrez que les
choſes que vous a fait prévoir votre
pénétration, frappent à préſent les
yeux des autres, et qu'il eſt inſtant
d'y apporter remède. Je vous recom-
mande les intérêts de notre adorable
amie, et vous aſſure d'une recon-
noiſſance qui égalera, c'eſt tout dire,
mon tendre attachement.

LETTRE XCIX.

LA CESSE DE LOEWENSTEIN LA MÈRE

A

MELLE EMILIE DE WERGENTHEIM.

Je fuis en peine, Mademoifelle, de la fanté de votre amie. Sans qu'il y paraiffe aucun dérangement fenfible à d'autres yeux, peut-être, qu'à ceux d'une mère; je vois dans fon vifage l'altération d'une mauvaife nuit, le nuage de la plus légère contradic- tion, enfin je fuis réellement plutôt inftruite qu'elle-même du plus petit changement qu'elle éprouve. Depuis que vous l'avez vue elle femble livrée à une profonde mélancolie que votre

préfence avait paru fuspendre, et
qu'elle cherche, à ce qu'il femble, à
vaincre. On voit que fes nerfs font
en fouffrance ; le bruit d'une porte la
fait treffaillir, et elle eft fouvent prête
à pleurer. J'ai tâché plufieurs fois
de l'engager à s'occuper de fa fanté ;
mais elle me répond qu'elle ne fent
rien. Je lui ai demandé, fi elle avait
quelque chagrin, et elle me dit que
non, et à peine en le difant à retenir
fes larmes. Son mari vieillit et devient d'une humeur fâcheufe et con-
trariante, il eft peut-être en partie
caufe de fon chagrin. Hélas ! ce n'eft
point le mari qui convenait à ma Victorine, et j'ai appelé la raifon à mon
fecours pour me déterminer à faire
ce mariage : vingt-huit ans de plus
c'eft une furieufe difproportion . . . .
Le ciel jufqu'ici ne répond pas aux
vœux de la famille, qui a tout facrifié

au défir de fe perpétuer. Quand je
vois un jeune homme qui a du mérite, et dont l'âge fe rapporte à celui
de ma fille, je ne puis m'empêcher
de faire un trifte retour fur le paffé,
et de fonger que ma fille jouirait d'un
fort plus heureux. La nature a fes
lois et fes convenances, que l'on ne
contrarie jamais impunément. Le
marquis de St. ALBAN m'a donné
occafion de faire bien fouvent ces réflexions, et même pour mon propre
intérêt; j'aurais dans un jeune homme
comme lui un fils tout à la fois, avec
un gendre. Je ne me flatte pas au
refte d'avoir pu trouver un homme
de ce mérite, ils font rares dans tous
les pays; mais j'en ai connu qui à
fon âge avaient une partie de fes
qualités eftimables. Ma fille a un
coeur fait pour éprouver tous les
fentimens que la nature infpire,

croyez - vous qu'il ne fente pas le befoin d'un tendre attachement ? J'ai été pendant quinze années uniquement occupée de mon mari qui eft plus fenfible qu'il ne le paraît, et ce fentiment répandait fur ma vie un charme inexprimable ; il embelliffait mon habitation telle qu'elle fût ; j'étais fûre de me trouver heureufe en rentrant chez moi. Monfieur de Loewenstein avait les mêmes goûts que moi ; il aimait la danfe, les fpectacles, c'était toujours enfemble que nous goûtions ces plaifirs. Pour moi, je crois Mademoifelle, que la vie pour être heureufe doit être, fuivant les âges, remplie des fentimens dont la nature a dépofé le germe dans nos cœurs. L'amitié dans le mien a fuccédé à une affection plus vive, et tout ce que mon cœur pouvait éprouver de paffionné, l'amour maternel l'a

abforbé. Vous éprouverez, Mademoifelle, cette fucceffion naturelle de
fentimens, parce que vous êtes deftinée à un homme de votre âge, que
vous aimez ; bientôt l'heure de bonheur fonnera pour vous. Il n'en
a pas été ainfi pour ma pauvre
Victorine ; la vanité a décidé de fon
fort ; je crains que ce ne foit la
caufe des nuages qui obfcurciffent la
férénité de fon ame ; fur-tout fi l'humeur de fon mari s'aigriffant encore,
comme j'ai lieu de le craindre, lui
fait éprouver dans l'intimité de leur
commerce, des contraintes, et fait
naître d'injuftes querelles. Les
hommes ne voient pas arriver la
vieilleffe avec moins de chagrin que
les femmes, et les agrémens qu'un
homme avancé en âge voit fe déve-
lopper dans une jeune femme qui lui
appartient, lui font faire un trifte

retour fur lui - même ; le même objet femble à la fois pour lui, un objet d'envie et de jaloufie. Parlez de grâce à ma fille, Mademoifelle, votre tendre amitié vous donne le droit de l'interroger, de lui tout dire, et de tout exiger d'elle. Je fais que vous n'avez rien de caché l'une pour l'autre, et je vous demande cependant, de ne pas lui parler de mes inquiétudes, du moins dans ce moment ; promettez - le moi, et je fuis bien fûre que vous tiendrez parole. Adieu, Mademoifelle, j'embraffe tendrement notre Emilie.

LETTRE C.

—

LA DUCHESSE DE MONTJUSTIN

A

MELLE EMILIE DE WERGENTHEIM.

Je sens, Mademoiselle, comme vous, qu'il est à désirer que mon cousin fasse quelque voyage; son repos, celui de notre amie y sont également intéressés, et comme il a un ami qui est à Dusseldorf et qu'il serait fort aise de revoir, je lui donnerai le conseil d'aller passer quelque temps auprès de lui. Je n'ai que le temps de vous écrire ces mots par un homme qui part à l'instant pour Mayence.

J'irai après demain caufer avec vous amplement du fujet de votre lettre. Adieu, Mademoifelle, croyez que l'intèrêt de votre amie m'eft presque auffi cher qu'à vous.

LETTRE CI.

—

LA DUCHESSE DE MONTJUSTIN
AU
MARQUIS DE ST. ALBAN.

Il eft temps, mon cher coufin, que je vous parle férieufement fur votre pofition avec la comteffe de LOEWEN-STEIN, fon repos et le vôtre font intéreffés à ce que vous faffiez un généreux effort fur vous - même ; fon amie eft inquiète de fon état et moi qui ai plus d'expérience, j'en fuis effrayée. Ah ! croyez - moi, c'eft un malheur pour vous de l'aimer ; c'en ferait un plus grand pour tous deux fi elle vous aimait. Elle était fi calme, fi heureufe avant de vous con- naître ! ne lui rendez pas odieufe la vie qu'elle vous doit. J'oferai vous dire que les obligations qu'elle vous a, doivent vous rendre encore plus cir- conspect. Une ardeur indiscrette de votre part femblerait être l'effet de la préfomption que vous donnent vos fervices ; tout vous engage donc à respecter le repos d'une femme fage par habitude, vertueufe par principe, dont l'ame eft fi pure, le cœur fi fen- fible, d'une femme admirée et chérie de tous ceux qui la connaiffent, me- nant, au fein d'une famille honorable,

une vie paisible, livrée à des goûts
innocens, cultivant sans prétention
des talens distingués; telle est la
Comtesse; tout conspire chez elle à
interdire tout espoir à votre amour;
mais supposons un instant que vous
espériez de lui faire partager vos
sentimens; pouvez-vous vous dissi-
muler que votre espoir ne se borne
pas à vous présager la seule possession
de son cœur. Eh bien! mon cher
cousin, je suis convaincue, que si la
passion faisait un instant oublier à la
Comtesse, des devoirs si fortement
gravés dans son ame, rendue à la
raison après un court délire, elle
vous détesterait, se détesterait elle-
même, irait s'enterrer dans une de
ses terres et périrait victime d'un
instant de faiblesse. Ah! comment
un homme peut-il se dire; je vais
porter le trouble dans une ame pure

et innocente, je lui rendrai odieux
fes devoirs qu'elle fuit fans contrainte; je l'entourerai du cortège
effrayant d'une paffion; j'éveillerai
la jaloufie dans le cœur de fon mari,
et le livrerai à toutes fes fureurs;
je conduirai fa femme dans un fen-
tier gliffant à travers mille préci-
pices, et au moindre faux pas, cette
réputation qui fait fa gloire, fera
ternie à jamais; ces plaifirs innocens,
qui font le charme de fa vie, je les
lui rendrai infipides; ces attentions
de fes proches, celle de la mère la
plus tendre, je les rendrai fouvent
incommodes; elle voyait avec com-
plaifance les regards fe fixer fur elle,
je les lui rendrai redoutables par la
crainte d'être pénétrée; ces domes-
tiques qui volaient à fes ordres, que
le respect et l'attachement rendaient
fi foumis, il faudra acheter leur filence

et en faire des complices. Votre amour fera-t-il un dédommagement de tant de facrifices, de tant de dangers? Ah! mon coufin, voyez ce qu'elle a à perdre, et demandez-vous s'il vous appartient de changer fon fort. Mais, ce qui eft plus vraifemblable, la Comteffe en garde contre les paffions, occupée de fes goûts, diftraite par l'exercice de fes talens ne répondra point à vos fentimens; elle fera réfervée avec vous, circonfpecte, fouvent embarraffée, et vous perdrez ainfi les agrémens d'une charmante fociété; enfin, tourmenté par votre paffion, à laquelle vous aurez laiffé prendre trop d'empire, vous ferez malheureux. Il eft temps, mon cher coufin, de prendre un parti décifif, que doit vous dicter votre amour même; car le repos de la Comteffe exige que vous la quittiez pour quelque

temps ; fi vous vous refufez à mon
avis, vous pouvez être fûr que vous
ferez également privé de la voir ; elle
partira pour fes terres de Weftphalie.
Soyez un inftant de fang froid, et ré-
fléchiffez fur l'embarras de fa pofition ; fon mari eft-il préfent, elle
craint fi elle eft familière avec vous,
qu'il n'en foit fcandalifé, elle craint
fi elle eft réfervée, qu'il ne fuppofe
qu'elle fe fait violence pour ne pas
faire connaître fes fentimens, ou bien
qu'affurés l'un de l'autre vous êtes
convenus de vous contraindre devant
le monde. La Comteffe jouiffait avant
de vous connaître du fort le plus heureux ; fa vie s'écoulait dans un calme
animé des plus doux fentimens, vous
troublez fon cœur pur et tranquille,
et il ne tient pas à vous d'y faire
naître tous les orages des paffions ;
fon mari, encore une fois, eft plus

jaloux que vous ne penfez et la Comteffe lit fouvent dans fes yeux, prêts
à s'enflammer, une inquiétude qui
la choque et l'alarme. Partez, mon
coufin, c'eft le feul moyen de rétablir
la paix dans l'ame de la Comteffe,
évitez de confirmer par votre conduite la jufteffe de cette maxime de
la ROCHEFOUCAULT : *On veut faire
tout le malheur de la perfonne qu'on
aime fi l'on ne peut faire tout fon
bonheur.* C'eft un étrange effet de
l'amour propre, principal acteur des
fcènes amoureufes, et qui n'eft que
trop dans la nature : qu'importe aux
hommes que l'on fouffre fi c'eft pour
eux, fi c'eft par eux ; fi les maux qu'on
éprouve font la preuve de leur domination dans un cœur.

Le Préfident eft inftruit et penfe
que vous ferez bien d'aller paffer
quelque temps avec lui ; partez donc

au plutôt, la générofité l'ordonne et l'amitié vous tend les bras ; le premier moment de la féparation fera cruel, mais vous vous applaudirez bientôt de votre courage ; vous éprouverez cette noble et douce fatisfaction qui paye les facrifices de l'homme qui s'élève en quelque forte au-deffus de lui-même. Adieu, mon coufin, il ne fallait pas moins que ma tendre amitié, qu'un intérêt auffi puiffant que celui du bonheur de la Comteffe, pour que je me fois abandonnée à ce torrent de morale.

LETTRE CII.

—

LA Cesse DE LOEWENSTEIN

A

Mlle Emilie DE Wergentheim.

Je cède à votre avis, mon Emilie, et
ne parlerai pas à ma mère, comme je
l'avais en quelque forte réfolu ; je
prendrai un autre parti fûr, mais hélas ! bien coûteux à mon cœur, puis-
qu'il m'éloignera de vous. Monfieur
de Loewenstein qui compte dans
peu fe rendre à une de fes terres en
Weftphalie, n'ofe pas me propofer de
faire ce voyage, je fuis fûre de lui

faire un grand plaifir en l'accompa-
gnant; eh bien; ma chère Emilie, je
lui propoferai de le fuivre; ce voyage
fervira à me diftraire; je risque de
m'ennuyer, mais je ferai calme, tandis que la vue continuelle d'un homme,
qui fouffre pour moi, par moi, me met
au fupplice. Depuis qu'il m'a fait connaître fon amour, les plus innocentes
marques d'affection de ma part femblent lui donner de l'espoir; que veut-
il de moi? que je l'aime, que je lui
en donne l'affurance, je l'ai mille fois
affuré de ma reconnaiffance et de la
plus tendre amitié; mais un fentiment
fi doux pour les cœurs innocens ne lui
fuffit pas; c'eft le mot d'amour qu'il
faut prononcer . . . . . ah! ma chère
Emilie, je crois fentir au trouble que
me fait éprouver quelquefois la préfence du Marquis que l'amitié, ce fentiment fi pur, fi doux, n'eft peut-être

pas auffi fuffifant pour mon cœur.
Qu'ai-je dit, ma chère Emilie, ras-
surez-vous cependant, c'eft de ma
part une crainte bien plus qu'une cer-
titude, mais quelque foit l'état de
mon cœur, et foit que ma raifon com-
batte des chimères ou des réalités, il
faut fuir fa préfence; je fens que cela
eft néceffaire à mon repos, au fien.
Diriez-vous que telle eft ma fituation,
que le Marquis ne peut fe préfenter
à moi fous un afpect qui me fatisfaffe;
paraît-il content, je fuis effrayée, je
repaffe avec inquiétude ma conduite
de la veille, et de la journée, et je
me demande fi quelque chofe dans
mes actions, dans mes difcours, dans
mes regards lui a donné de l'espoir;
paraît-il trifte, rêveur, mon cœur eft
douloureufement affecté de le voir
malheureux par moi; il me ferait fi
doux de faire fon bonheur; combien,

ma chère amie, une telle idée, ne doit-elle pas transporter la femme qui peut en toute affurance fuivre fes fentimens, écouter la voix de fon cœur; qu'il eft flatteur d'avoir un tel empire, et ce qui eft encore plus, qu'il eft doux de pouvoir l'exercer! Il faut fuir, ma chère Emilie, voilà, mon refrain ; il faut que je vous quitte pour fix femaines, deux mois, mon abfence aura apporté quelque changement dans les habitudes du Marquis, et votre amie fera plus calme.

Adieu, mon Emilie, que vous êtes heureufe ! tout eft chez vous dans le plus parfait accord, fentimens, devoir, bienfaifance ; et ce qui ferait la honte d'une autre, fait la gloire de mon Emilie.

LETTRE CIII.

—

Melle Emilie
a la
Cesse de Loewenstein.

Vous ne partirez pas, ma chère amie, c'eſt moi qui vous le dis, et c'eſt le trouble où vous êtes qui vous inspire cette penſée et vous fait oublier que le Marquis ne peut encore reſter long-temps auprès de nous ; rappelez-vous donc qu'il a écrit au prince de Condé pour lui offrir ſes ſervices, auſſitôt qu'il a eu l'espoir de ſon rétabliſſement. Je ſuis en outre inſtruite par madame de Montjustin, qu'il doit faire inceſſamment un voyage pour voir

fon ami le Préfident. Prenez donc
patience, ma chère Victorine; perfonne ne fent mieux que moi la délicateffe des circonftances où vous êtes;
la crainte d'être compromife par des
empreffemens indiscrets, l'embarras
de nuancer fes expreffions, de mettre
dans fes regards, dans fes manières
une mefure qui écarte la jaloufie, ne
donne point de prife à la malignité;
je fens que tout cela n'eft pas fans
difficulté, envers un homme aimable,
qui a des droits à votre reconnais-
fance, et que l'amitié de toute votre
famille pour lui, vous invite à aimer
et à voir fans ceffe; mais auffi quelle
femme plus éclairée que vous, plus
habituée à la réferve, plus faite enfin
pour. triompher d'elle-même et en im-
pofer aux autres! Je lis dans votre
cœur, ma chère amie, j'y lis . . . .
quoi? tout ce qu'il renferme . . . .

raffurez - vous, je lis auffi dans l'a-
venir vos triomphes; les anciens re-
préfentaient la vertu fous la forme
d'une belle femme armée, ce qui
prouve qu'elle ne fe fignale que par les
combats. Point de confidence à votre
mère, et point de projet de départ,
ma chère amie; j'irai d'ici à deux jours
caufer avec vous à fond de tout ce qui
vous intéreffe. Je vous quitte pour
écrire une longue lettre au Baron qui
me charge de le mettre à vos pieds; je
quitte, comme difent les dévots, dieu
pour dieu quand je vais de ma chère
victorine au Baron.

LETTRE CIV.

LA CESSE DE LOEWENSTEIN
A
MELLE EMILIE DE WERGENTHEIM.

Vous êtes bien fûre, ma chère Emilie de ma foumiffion à vos fentimens; je ne parlerai pas à ma mère, je n'irai pas en Weftphalie, et vous avez par-conféquent deviné ma réponfe; mais auffi vóus viendrez me voir le plus fouvent que vous pourrez. J'ai attendu hier toute la foirée mon Emilie, et mon espoir ne s'eft évanoui qu'à l'arrivée de votre exprès. Je fuis bien perfuadée que l'incommodité de

votre mère n'aura pas de suite ; mais
si elle continue j'irai à Mayence ; car
il m'en coûte trop d'être long - temps
sans vous voir : dans tous les momens
c'est un plaisir extrême pour moi, à
présent c'est un besoin. Mon cœur
est surchargé et semble ne pouvoir
renfermer tout ce qui l'agite, et l'inquiète. J'envie quelquefois aux Ca-
tholiques Romains, une pratique dont
nous nous moquons, c'est la confession.
Un homme me disait assez plaisam-
ment, que le désir d'occuper les autres,
et le besoin de parler de soi, amenaient
la plupart des femmes au confessionnal ;
mais indépendamment des motifs de la
religion, je crois que le cœur a plus
de part aux confessions que l'amour
propre ; notre ame fatiguée de ses
combats, éprouve souvent un besoin
d'appui contre sa faiblesse, et de consolations dans une situation pénible.

On désire s'épancher en liberté, parler de ses maux, et c'est un soulagement. Le confesseur devant lequel on est prosterné n'est qu'un homme ; mais on voit dans cet homme, un intermédiaire entre soi et la divinité, il porte la lumière dans notre esprit incertain. Je me figure qu'en apprenant à se confier dans ses forces, il les augmente véritablement, et il apprend sans doute aussi à s'en défier. Les sentiers du cœur doivent lui être connus par l'expérience, et il doit savoir faire un mélange habile de sévérité et d'indulgence, et employer ce que la religion a de touchant pour une ame sensible. Une prière fervente nous élève à Dieu ; mais la confession devient un motif pressant de redoubler de vigilance et de combattre de toute notre force. Les personnes agitées d'une grande passion sont sujettes à

parler feules, et cela prouve le befoin
de l'effufion de l'ame.

Le Marquis paraît depuis quelque
temps abattu et mélancolique. Son
état me fait de la peine; un homme
à qui je dois la vie, et encore plus,
celle de ma mère, ne peut ceffer
de m'intéreffer; mais quel mélange
de profane et de facré contient ma
lettre; je ferais tentée de la déchirer,
fi je ne prenais pas un fenfible plaifir
à me faire voir à vos yeux telle que
je fuis.

Je ne me rappelais pas que le
Marquis avait écrit pour être employé
à l'armée du prince de CONDÉ, et
d'après cela il eft à préfumer qu'il ne
tardera pas à partir. Cette guerre
ne finira-t-elle donc pas? que je
plains ceux qui ont à trembler pour
leurs parens, pour leurs amis; heureufement que mon Emilie eft à

préfent fans alarmes ; la commiffion dont on a chargé le Baron eft honorable ; mais fa gloire me touche moins que fa fureté et la tranquillité de ma charmante amie.

LETTRE CV.

Le Marquis de St. Alban
a la
Duchesse de Montjustin.

Votre lettre est véritablement un torrent de morale, ma chère cousine; mais ce n'est pas dans votre esprit qu'est sa source; c'est madame de Loewenstein qui vous a sans doute inspiré l'idée de m'écrire, et c'est à elle que je répondrai. Partir! . . . . la quitter! . . . . ce conseil est bien aisé à donner de sang froid; néanmoins je vous obéirai, ou pour mieux dire à elle. Mais qu'est-il donc arrivé pour qu'elle me presse si fort? A peine je fuis guéri d'une bleffure grave, et je n'attends, elle le fait bien, qu'une permiffion de me rendre à l'armée, qui ne peut tarder. La complette aver-fion ne pourrait aller plus loin que l'ordre qu'on me donne. J'obéirai, encore une fois, oui, je m'arracherai d'auprès d'elle. Il lui en coûte bien peu de me donner un tel ordre! mais elle faura ce qu'il en coûte pour l'ex-écuter. Dans trois jours, ma coufine, j'irai vous voir, et vous dire, adieu, pour long-temps, pour jamais peut-être!

LETTRE CVI.

LE MARQUIS DE ST. ALBAN
A LA
CESSE DE LOEWENSTEIN.

Madame la Comtesse,

Vous serez étonnée de recevoir une lettre d'un malheureux à qui vous permettez avec tant de peine de vous voir quelquefois, et le désespoir seul pouvait me donner la hardiesse de vous écrire. Ma cousine m'engage à fuir loin de vous; c'est votre intérêt, dit-elle, qui l'anime, qui la force à me donner ce rigoureux conseil. Il m'est donné trop subitement, et avec trop d'inftance de m'y conformer, pour qu'il ne me foit pas évident que ma coufine n'a fait que remplir vos défirs. Quoi! Madame, il ne vous fuffit pas de ne pas répondre à mes fentimens; il ne vous fuffit pas que je fois fans espoir, il faut pour vous fatisfaire que je fois loin de vous. Ma coufine me reproche de troubler votre repos; et comment peut-il être troublé par un homme qui vous eft indifférent? Parmi les hommes qui vous font leur cour, trois ou quatre font foupçonnés d'avoir pour vous des fentimens pasfionnés, et vous n'ufez pas envers eux de la même rigueur. Si je connaiffais moins votre ame généreufe, je dirais qu'on traite les malheureux avec moins de ménagement, et qu'on n'y regarde pas de fi près lorsqu'on eft importuné par un homme fans fortune et fans afile, par un malheureux étranger, à qui il doit être indifférent de vivre dans un lieu ou dans un autre. Depuis le moment où mon cœur oppressé n'a pu contenir l'explosion de ses sentimens, avez-vous eu, madame la Comtesse, à vous plaindre de moi? . . . . . Que j'étais éloigné de la vérité! . . . . je croyais que depuis ce temps vous me saviez gré de mes efforts pour cacher, non-seulement aux autres, mais à vous-même mes tourmens. Que vous traitez cruellement un homme à qui vous avez donné le nom de frère, et à qui vous n'avez à reprocher que de vous aimer plus que tous les frères n'ont jamais aimé! Pourquoi combler la mesure d'un malheur que je dévorais en secret: votre rigueur me fait rompre le silence; condamné sans retour je puis avouer tous mes crimes; oui, Madame, cette passion, cet amour, dont je ne vous ai entretenue que quelques momens, me domine tout entier; dans le dé-fespoir où vos ordres me réduifent, prêt à vous perdre pour jamais, c'eft une espèce de confolation pour moi de ne plus rien ménager, et, vous parlant pour la dernière fois, de vous dire que je vous adore. . . . . J'en pro-fiterai pour vous le répéter mille fois. Depuis le premier inftant que je vous ai vue, il ne s'en eft pas écoulé un feul fans que vous fuffiez préfente à ma penfée, et j'ai perdu dès-lors jusqu'à l'idée des malheurs qui m'ac-cablent : patrie, fortune, gloire, tout ce qui n'eft pas vous n'a plus de prife fur mon esprit. Je croyais renaître, me trouver dans un autre monde, pendant le court espace de temps que j'ai paffé à LOEWENSTEIN ; confolé par vous, foigné par vous, tout ce qui m'était arrivé jusque-là n'était plus qu'un songe fugitif: c'est auprès de vous seule que j'ai vécu, et pendant quelques jours j'ai vécu pour le bonheur: ce sera désormais pour le malheur ; mais ce sera par vous que je l'éprouverai et pour vous, si j'en crois ma cousine: m'envierez - vous encore la douceur que j'éprouve au milieu de mes maux par l'idée qu'ils viennent de vous; ah! puissiez - vous véritablement avoir besoin de mon ab- sence ! avec quel empressement je vous obéirais, si j'avais à fuir une femme qui m'aime, si je me disais, elle prend des précautions contre elle-même, et si elle ne m'aimait pas elle me souf- frirait auprès d'elle ! Ne croyez pas, au reste, Madame, que je me fasse une telle illusion ; non, non, je n'em- porterai aucune consolation en vous quittant; je ne me croirai jamais qu'im- portun et non dangereux.

Vous aviez bien peu de temps à attendre pour être délivrée de moi; dans quinze jours, un mois au plus, je vous quittais pour me rendre à l'armée; je vous aurais quittée pour un devoir sacré, et non forcé par la plus étrange rigueur; loin d'avoir eu aucun reproche à vous faire, je ferais parti dans la douce illusion d'être regretté de vous; j'aurais été jusqu'à croire que vous m'aviez plaint quelquefois. Je partirai puisque vous le voulez; mais que je sache au moins que vous le voulez. Que j'entende mon arrêt de votre bouche : me refuserez-vous encore cette grâce? Je pourrai bien dire si vous me l'accordez, comme le maréchal de BIRON lorsqu'on lui annonça que le roi permettait qu'il fût exécuté dans l'intérieur de la Bastille, quelle grâce!... ... mais n'importe, que je sache,

Madame, par vous, qu'en partant je
vous obéis, et que vous me savez gré
de ma soumission; je partirai aussitôt
après. Qui m'eût dit, il y a peu de
mois, que les malheurs de la plus
affreuse révolution n'avaient pas épuisé
toute ma sensibilité, et qu'il me restait encore des maux à craindre.
Adieu, madame la Comtesse, j'attends
vos derniers ordres, et vous offre
l'hommage de mon profond respect.

LETTRE CVII.

—

LE PRÉSIDENT DE LONGUEIL
A LA
DUCHESSE DE MONTJUSTIN.

Il y a dèjà quelque temps, Madame, que je me suis aperçu des sentimens de notre jeune ami; la chaleur avec laquelle il me parle de sa reconnaissance pour madame de LOEWENSTEIN, et les peintures qu'il m'en fait m'ont mis dans sa confidence. Ce qui vous étonnera, peut-être, c'est que malgré la vivacité de la passion qui le domine, et sans connaître celle qui l'a fait naître, je suis assuré qu'il n'exagère pas. Ses traits font en quelque forte préfens à mon esprit, par la connaiffance que j'ai des objets propres à faire effet fur mon ami. La beauté eft moins pour la plupart des hommes une harmonie fublime de proportions, qu'une réunion de traits qui leur préfagent la volupté qu'ils cherchent. Plus on a cédé à l'empire de fes fens, et plus ils offrent à l'imagination, fans qu'on s'en rende compte, le genre de formes qui les flatte le plus; mais celui qui a fu réfifter à leur impétueufe ardeur, eft différemment affecté; la beauté fe préfente à lui fous des traits fublimes, qui peignent la beauté de l'ame et pénétrent la fienne d'un fentiment qui femble n'avoir rien de matériel; les déeffes chez les uns prennent des formes humaines pour fe livrer aux dérèglemens des fenfations, et chez les autres les mortelles

femblent revêtir des formes céleftes.
Le Marquis, par fon application a fu
échapper au désordre où vivent les
gens de fon état; le repos des fens
n'a donné que plus d'énergie à fon
ame, et j'ai toujours penfé qu'il ne
pouvait être épris de la plupart des
femmes que l'on trouve belles ou jo-
lies, et qui n'infpirent que des défirs,
qu'on prend fi facilement pour de l'a-
mour; mais l'idée avantageufe, que
je me fais de la comteffe de LOEWEN-
STEIN et le tendre intérêt que je
prends au Marquis, me font regretter
vivement, pour le bonheur de tous
deux, que le fort les ait fait fe connaître; car ils ne peuvent fe connaître fans s'aimer.

Il ferait digne de la vertu et du
courage du Marquis de s'abfenter;
vous n'avez pas la figure et l'âge de
MENTOR; mais la fageffe a quelquefois

paru fous les formes féduifantes qui vous diftinguent: eh bien! Madame, arrachez Télémaque de l'île enchantée, qu'il vienne paffer quelque temps auprès de fon ami, en attendant que, monfieur le prince de Condé accepte fes fervices: vos repréfentations auront plus d'effet que mes lettres, parce que vous êtes bien plus à portée que moi de juger des circonftances; mais vous pouvez, madame la Ducheffe, vous appuyer, s'il eft néceffaire de mon avis. Faites-lui connaître que le bonheur de la Comteffe y eft intéreffé, que c'eft pour elle qu'il s'immole; un tel motif doit être puiffant fur lui; il donnerait fa vie pour elle, qu'il faffe plus, qu'il la quitte et qu'il vive.

LETTRE CVIII.

LE PRÉSIDENT DE LONGUEIL

A LA

DUCHESSE DE MONTJUSTIN.

Je me hâte de vous prévenir, madame la Duchesse, que je suis obligé de faire un voyage à Ham, qui durera une quinzaine de jours ; je ne pourrai donc point d'ici à mon retour, recevoir notre ami, et c'est pour moi une peine senfible. J'aurais eu beaucoup de plaifir à le voir et j'aurais tenté de rétablir quelque calme dans fon cœur agité par la première des paffions. Le chemin qui y mène m'eft

connu, et il eſt habitué à m'entendre
parler le langage de la raiſon. Ce
retard, au reſte, n'eſt pas conſidérable, et votre amitié pour lui et la
comteſſe de LOEWENSTEIN vous ſug-
gérera des moyens de le diſtraire, de
rendre moins fréquentes ſes viſites au
château. Pourquoi ne le feriez-vous
pas engager par l'amie de la Comteſſe à aller paſſer quelques jours à
Mayence ? il aurait le plaiſir de s'entretenir avec elle, ſi ce n'eſt de ſa paſſion, au moins de la perſonne qui en
eſt l'objet ; c'eſt quelque choſe en
amour. Mais à propos d'amour il
faut que je vous parle d'une aventure
qui a quelque rapport avec ce ſentiment.

Mon hôteſſe qui eſt fort officieuſe,
lorsqu'il ne lui en coûte rien, m'a
dit hier qu'il y avait dans la maiſon
voiſine une Françaiſe qui avait grand

befoin de fecours, et elle m'a engagé
à aller la voir; je l'ai fuivie dans un
miférable galetas où j'ai trouvé cou-
chée fur un méchant lit, une jeune
femme fort fouffrante : mon hôteffe
s'eft empreffée de lui annoncer qu'elle
m'avait engagé à venir lui offrir mes
fervices ; je lui ai demandé fon nom
et fon état, et elle m'a ingénûement
répondu qu'elle avait été danfeufe
d'un petit fpectacle des Boulevards,
qu'elle avait fait d'ailleurs un métier
qui n'était pas fort honnête, et dont
elle fe repentait. Sur fa table était
un petit crucifix affez bien travaillé
auquel était attaché quelque chofe
qui était enveloppé de fatin. Je con-
fidérai le crucifix et lui demandai fi
ce qui y était attaché était quelque
relique. Non, dit-elle, et ayant ôté
le fatin, elle me fit voir en s'atten-
driffant un petit portrait de Louis XVI.

« C'eft bien le cas de dire avec Molière, *où la vertu vat - elle fe nicher ?*

Si le fpectacle de l'émigration dé-chire le cœur, il eft auffi une fource de réflexions profondes. On y voit fouvent l'homme rendu en quelque forte à fon état primitif, et réduit à vivre de fon induftrie; on voit déve-lopper un grand courage à des gens qu'on croyait faibles et pufillanimes; mais on apprend auffi que les mal-heurs généraux, loin d'adoucir les hommes et de refferrer les liens de l'humanité, les mettent dans un état de rivalité qui dégénère bientôt en hoftilité. Combien de fois depuis mon émigration, je me fuis rappelé ces vers.

,,*Je crois voir des forçats dans un cachot funèbre*
,,*Pouvant fe fecourir, l'un fur l'autre acharnés,*

,,Combattre avec les fers dont ils font enchaînés. "

Adieu, madame la Duchesse, je vous écrirai à mon retour; prévenez notre ami de mon voyage et agréez mon fidelle et respectueux attachement,

LETTRE CIX.

La Cesse de Loewenstein

au

Marquis de St. Alban.

Je n'ai engagé personne, Monsieur,
à vous donner le conseil dont vous
parlez ; l'inquiétude, souvent aveugle,
de l'amitié, a pu seule inspirer à madame de Montjustin l'idée de vous
écrire sur un objet que je ne discu-
terai pas. Que je suis loin, Monsieur, de vouloir aggraver vos malheurs ! . . . . Si le plus tendre intérêt suffisait pour en tempérer l'a-
mertume, ils seraient devenus moins

fenfibles pour vous, dès les premiers momens de notre connaiffance; cet intérêt, depuis les obligations infinies que je vous ai, eft devenu un devoir qu'il m'eft bien doux de remplir. Votre lettre me touche infiniment, fon défordre annonce le trouble de votre ame, et fon principe eft tel qu'il n'eft pas en mon pouvoir d'y remédier; et je fais plus, mon cœur, fur qui vos fervices vous donnent tant de droits, m'entraîne un peu au-delà de mes devoirs, en me faifant éprouver le regret de ne pouvoir répondre à vos fentimens. Adieu, Monfieur, ne confultez pour partir que vos intérêts et vos goûts, et comptez à jamais fur l'attachement de la plus tendre fœur.

LETTRE CX.

LA Cesse DE LOEWENSTEIN

A

Melle Emilie DE Wergentheim.

Je vous envoie, ma chère amie, une
lettre que j'ai reçue du Marquis, qui
m'a causé le plus grand trouble, et
j'imagine que c'est vous qui avez engagé la Duchesse à lui donner le conseil de partir; je ne puis blâmer. . . .
mais j'aurais voulu qu'elle eût plutôt
insinué que conseillé. Il veut que je
lui ordonne de partir, et la passion
qui cherche des alimens pour les espérances, lui inspire l'idée que la

préfomption fuggérerait à un autre.
Oui, ma chère amie, il croit être dangereux, il croit faire un facrifice à
mon propre repos, à celui de mon
cœur, troublé par fa préfence ; il croit,
ce qui n'eft malheureufement que
trop vrai !. . . . . Je lui ai répondu,
j'ai mal fait ; je me le fuis reproché
un quart d'heure après ; mais non, je
n'en dois pas être fâchée, j'aime mieux
avoir un peu aggravé le mal pour le
fendre plus fenfible, et faire naître
de l'augmentation du danger, la néceffité du remède. Je partirai donc,
j'irai en Weftphalie ; que le Marquis
parte ou refte, ne m'arrêtez plus, mon
Emilie ; croyez que mon bonheur y eft
intéreffé, et fi ce n'était que mon bonheur je le facrifierais à mon Emilie.
Je vous attends demain au foir ; réflé-
chiffez d'ici à ce temps fur la lettre du
Marquis, fur ma réponfe et ma pofition ;

l'amitié doit employer l'indulgence pour adoucir la mémoire des fautes paſſées ; elle doit s'armer de ſévérité pour les fautes à venir ; aidez-moi à manœuvrer au fort de la tempête ; j'entrevois la bonne route et c'eſt à vous à m'y faire entrer à pleines voiles. Encouragez-moi donc à partir au lieu de m'en empêcher, et ſi votre confiance en moi vous fait juſtement, je crois, penſer que je ne risque pas de ſuccomber . . . . . épargnez - moi le trouble, et peut-être des combats. Adieu, à demain, j'embraſſe tendrement mon Emilie.

LETTRE CXI.

Melle Emilie
A LA
Cesse de Loewenstein.

Je suis chargée, ma chère Comtesse, d'une singulière commission, dont le succès peut mettre fin à vos embarras; ce qui m'empêche d'entrer dans aucun détail sur votre dernière lettre. Le destin vient à votre secours, à celui du Marquis, il arrange tout pour le mieux et de la manière la plus imprévue; écoutez-moi, ma chère Comtesse, et vous verrez si j'ai tort. Nous avons été invités hier à dîner chez le comte D'ERMENSTEIN, frère du respectable

Prévôt du chapitre, et contre l'ordinaire il n'y avait que deux ou trois personnes; après le dîner le Prévôt a été faire sa méridienne, ma mère a fait une partie avec le Comte et son aimable petite-fille, la partie finie, elles font forties, le Prévôt s'est réveillé et est venu nous joindre; alors le Comte a dit: qu'on ne laisse entrer personne; j'ai à vous parler nous a-t-il dit aussi-tôt, et je compte, ainsi que mon frère, et sur vos avis et sur vos bons offices. Vous savez combien j'aime ma petite-fille; elle est aimée de mademoiselle Emilie, et c'est ce que je puis dire de mieux en sa faveur: inclination mo-deste de ma part à ce flatteur compli-ment, sourire, reconnaissant de ma mère, et le Prévôt a levé la main avec vivacité en signe d'approbation, s'écriant d'un ton affirmatif: oh! cela est très-vrai. Le Comte a continué:

ma petite - fille jouit d'une grande fortune, nous souhaitons qu'elle se remarie et je vous avouerai que nous voudrions faire son bonheur, et nous procurer dans l'époux qu'elle prendra une société agréable; nous avons eu occasion de voir plusieurs fois chez vous, et chez l'aimable amie de mademoiselle Emilie, le Marquis de St. Alban, et il nous a inspiré un grand intérêt. A ces mots j'ai prévu sans faire un grand effort de pénétration la conclusion du discours et mon attention a redoublé : la naissance, l'esprit, la valeur, une figure avantageuse, des manières nobles et polies, tout cela se trouve dans le Marquis ; il est sans bien pour le moment, par l'effet d'un incroyable bouleversement, mais ce qu'il possède est plus rare, et plus distingué mille fois que la fortune, et il y a tout lieu de croire aussi qu'il rentrera quelque jour dans fes biens ; — ces confidérations m'ont fait naître l'idée d'engager ma petite-fille à lui donner fa main. Ici ma mère a levé les yeux au ciel, avec l'expreffion d'une extrême fatisfaction, et je n'ai point paru moins contente. Si mon Emilie, était libre, a-t-elle dit, j'aurais pour elle la même idée. Eh bien ! a répondu le Comte, je fuis enchanté d'avoir votre approbation, mettons les chofes au pis, et fuppofons que le Marquis fera à jamais privé des biens qu'il poffède en France ; ma petite-fille jouit aujourd'hui de vingt mille florins de rente, et après notre mort elle en aura autant au moins ; ce revenu n'eft-il pas fuffifant ? Je ne demanderai au Marquis que de prendre le nom D'ERMENSTEIN, je crois que cette condition n'aura rien pour lui de défagréable, fur-tout dans un temps

où la noblesse Française a perdu en
quelque forte fon exiftence. Mais,
a-t-il ajouté, vous me demanderez
fi je fuis fûr que notre enfant approu-
vera ces difpofitions, et elle y eft
trop intéreffée pour que nous voulions
la contraindre. Eh bien ! Mesdames,
je crois être affuré de fon confentement,
et qu'il ne lui fera pas arraché ; je lui
ai parlé plufieurs fois du Marquis fans
affectation, et il m'a femblé qu'elle mettait quelque chaleur dans les éloges
qu'elle en faifait ; mon frère a été
plus loin, et lui a dit un jour, qu'on
avait parlé du Marquis très-avanta-
geufement en fa préfence : voilà comme
je voudrais un parti pour ma chère
nièce, ne penfez-vous pas qu'il ferait
propre à faire le bonheur d'une femme,
fi la fortune était jointe à tous les
avantages qu'il poffède ? Je penfe
a-t-elle dit que le défaut de fortune

ne doit-être un obstacle que pour la femme qui en serait également privée. Il a applaudi à sa façon de penser et a cru voir un rayon de joie briller dans ses yeux. Nous avons été de l'avis de la jeune Comtesse, et félicité le père et l'oncle des nobles sentimens qui leur avaient inspiré cette idée; ils m'ont ensuite priée d'en conférer avec vous, et d'engager Madame votre mère et monsieur le Commandeur, à sonder les intentions du Marquis et à lui parler de ce mariage, comme d'une chose qui leur est-venue en pensée d'après l'envie que le Comte D'ER-MENSTEIN a témoignée de voir sa petite-fille se remarier. Je me suis chargée avec un grand plaisir de la commission; mais je leur ai dit que je croyais que l'affaire devait être entamée par le Commandeur, qui pourra se concerter avec la Duchesse. C'est à vous de l'engager à traiter cette grande affaire et cela ne fera pas difficile ; il aime le Marquis, défire de le voir heureux, et l'établiffement dont il s'agit ne lui laiffe rien à défirer. J'admire que de manière ou d'autre le deftin vous force d'influer fur la vie du Marquis, et dans la circonftance préfente ce ferait pour y répandre le calme ; en confidérant les chofes fous un aspect ordinaire, je ne vois rien qui s'oppofe au fuccès des vues du comte D'ERMENSTEIN ; mais il eft un aspect qui ne me laiffe aucun espoir, et qui me fait craindre que la propofition même n'entraîne des inconvéniens .. .... vous m'entendez, ma chère Victorine ...... un refus en effet de la part du Marquis paraîtra bien extraordinaire, comment imaginer qu'un homme affailli par le befoin, et qui n'a que les plus vagues espérances pour le rétablissement de sa fortune, refuse une alliance qui lui procure au moment plus de vingt mille florins de rente, et la possession d'une jeune femme d'une figure agréable, d'un esprit doux et aimable, ét d'un caractère qui la fait chérir de tous ceux qui la connaissent : quelle fortune pour un Émigré ! Il n'en est pas un qui ne l'envie ; quelle raison pourra donner le Marquis de la rejeter. On cherchera la véritable raison, voilà ce que je crains, et voilà ce que la Duchesse pourrait lui faire entrevoir. Adieu, ma chère Victorine, je suis entre la crainte et l'espoir ; avec quel plaisir j'apprendrais que le Marquis consent à n'être plus malheureux !

LETTRE CXII.

—

LA CESSE DE LOEWENSTEIN
À
MELLE EMILIE DE WERGENTHEIM.

J'ai fait part, ma chère Emilie, à ma mère et à mon oncle de votre lettre, et ils ont applaudi à la généreuse ré-folution du comte D'ERMENSTEIN : je lui envie, a dit mon oncle, la fatis-faction de faire la fortune d'un auffi brave homme, et j'ai regretté plus d'une fois de n'avoir pas une fille ou une nièce à marier. Mon oncle va à Francfort et il parlera à la Ducheffe. Ma mère et lui n'ont pas élevé le plus petit doute fur le confentement du

Marquis, et ils se livrent à la joie de le voir heureux et à l'agréable idée de vivre avec lui. Pour moi je vous avoue que j'ai craint quelquefois de n'avoir pas l'air aussi satisfaite, et alors je faisais effort pour me monter à leur ton; la crainte d'un refus, et les commentaires, qui en seront la suite affectaient mon esprit. Mon mari est entré à la fin de la conversation, on lui a fait part du sujet que l'on traitait, et la satisfaction qu'il a montrée est une preuve que nos conjectures sont fondées; car il n'aime pas assez le Marquis pour être sensible à ce qui lui arrive d'heureux. C'est demain, pas plus tard, que mon oncle parlera à la Duchesse, et dans trois ou quatre jours nous saurons la décision du Marquis; les craintes que vous avez de son refus me troublent; mais en y réfléchissant elles se dissipent un peu; les

avantages qu'on lui offre font fi grands,
fur-tout dans fa pofition; il a vu la
jeune Comteffe et m'en a parlé avec
éloge; une paffion quelque violente
qu'elle foit, lorfqu'elle eft privée de
de tout espoir, peut-elle aveugler
au point de fe refufer au fort le plus
heureux; et fi je confulte la raifon, fi
je lui accorde quelque empire, elle
doit arrêter fur le bord du précipice
celui que la paffion entraîne. Cependant, vous le dirai-je, ma chère amie,
hier au foir en m'occupant de cette
affaire, je me fuppofais en pareille circonftance, je me voyais pauvre et dé-
laiffée, mon cœur en même temps do-
miné par la plus violente paffion, et
je fentais que les plus grands avantages me feraient vainement offerts, s'il
fallait les acheter par un mariage;
mon confentement me paraîtrait une
véritable infidélité, et chacune des

familiarités que le mariage autorife
autant d'outrages à l'amour. Comment
le cœur tout rempli d'un autre, peut-on
fans fauffeté fe permettre les plus pe-
tits témoignages d'affection, que les
liens du mariage changent pour celui
qui les reçoit en preuves d'amour?
Comment, me difais-je, fe réfoudre
à la néceffité de tromper, ou à celle
de rendre quelqu'un malheureux?
Enfin fi mon amour eft connu de la
perfonne qui l'infpire, n'eft-elle pas
en droit de regarder tout ce que je lui
ai dit comme des menfonges; mes regards paffionnés, mes geftes, mes manières, comme le produit d'un habile
artifice. Mais laiffons ma façon de penfer et de fentir, lorsqu'il eft queftion
des hommes; ils ne font pas capables
des mêmes délicateffes, croyez que le
Marquis, et je le fouhaite bien vivement, acceptera les brillantes et

flatteuſes propoſitions de mon oncle; ce n'eſt pas que je le croie faux; mais les hommes le ſont tous en quelque ſorte, par cette habitude de galanterie qui eſt l'imitation et le jargon de l'amour, et le goût du plaiſir eſt leur ſuprême loi. Il n'en eſt pas ainſi de la femme honnête; elle ne ſépare jamais le plaiſir d'avec l'amour. Je cherche, hélas! en quelque ſorte, querelle aux hommes pour y envelopper le Marquis, mais je crains bien qu'il ne ſoit que trop à diſtinguer parmi eux; je crains, que ſes ſentimens ne ſe rapprochent trop des miens; alors il refuſerait, et quel ſerait mon chagrin, ma chère amie, de voir que dans tous les ſens je ſuis entraînée à le rendre malheureux? Il aurait ſans moi accepté ce que lui offre la fortune: ſans moi les malheurs de ſon pays ſeraient ſans effet pour lui, et le plus grand qu'il aurait éprouvé ferait donc de m'avoir connue. Cette idée me trouble à l'excès, et je ne fais en vérité ce que je dois craindre et défirer. Après demain le Commandeur nous rendra compte de fa négociation; vous en ferez inftruite auffitôt. Adieu, mon Emilie, vous avez moins befoin que jamais, en ce moment, de votre pénétration pour lire dans un cœur qui s'ouvre à vous entièrement, ma tendre amie.

LETTRE CXIII.

—

LE COMMANDEUR DE LOEWENSTEIN
À MADAME
LA CESSE DE LOEWENSTEIN.

J'ai fait votre commission, ma chère sœur, auprès de madame la Duchesse, et nous n'avons pas eu besoin d'attendre la réponse du Marquis, il était chez elle; j'ai fait part à ce brave homme des intentions favorables de notre ami le comte D'ERMENSTEIN; il y a été aussi sensible qu'il le doit, mais un obstacle insurmontable l'empêche d'accepter d'aussi flatteuses propositions, et je n'ai rien à répondre. Son nom, m'a-t-il dit, ne lui appartient pas mais à toute sa maison, dont

il eſt le chef, et il ne lui eſt pas permis de l'enterrer dans l'oubli, d'étein-
dre ainſi le ſouvenir d'une longue ſuite
d'illuſtration et de ſervices, enfin ſon
père vit, et quoique philoſophe et peu
attaché aux préjugés de la naiſſance ..
. . . . . je l'ai arrêté, par parenthèſe
ſur ce mot de *préjugés :* dites *droits*,
monſieur le Marquis, et c'eſt tout ce
que j'ai eu à reprendre dans ſon discours. Mon père ne fera pas, a-t-il
ajouté, le ſacrifice qu'on exige ; les
mêmes principes qui le font demander
le porteront à le refuſer ; c'eſt par un
juſte attachement à ſon nom que monſieur D'ERMENSTEIN déſire que le
mari de ſa petite-fille le perpétue, le
même motif doit m'empêcher de renoncer au mien.

Je n'ai rien eu à répondre à un tel
raiſonnement, et n'ai pu qu'applaudir
à la nobleſſe des ſentimens de ce cher

Marquis ; malgré mon chagrin de voir manquer une affaire auſſi avantageuſe pour lui. Le Marquis au reſte, m'a pluſieurs fois répété que le nom D'ER- MENSTEIN était glorieux à porter, et que s'il lui était permis de renoncer au ſien, il ne pourrait l'échanger contre un plus illuſtre. Je me ſuis étendu alors avec plaiſir ſur l'antiquité, et la ſplendeur de la maiſon D'ERMENSTEIN avec laquelle la nôtre a pluſieurs al- liances ; je ne lui ai pas même laiſſé ignorer qu'un célébre généalogiſte de l'ordre Teutonique en changeant *er* en *ar*, et *men* en *min* et *ſtein* en *ius* ce qui n'eſt pas trop forcé, faiſait re- monter cette maiſon au grand Armi- nius, ou Irmenſal.

Je vous prie, ma chère ſœur, de faire part au Comte de ce qui s'eſt paſſé dans notre entrevue, et de lui dire que je n'ai rien oublié, comme

vous le voyez, de ce qui pouvait donner au Marquis une juste idée de la
grandeur de sa maison ; parlez-lui aussi
de la reconnaissance et des regrets du
Marquis, et dites que ce digne homme
a parlé de lui avec une haute considé-
ration, et avec beaucoup d'estime de
la jeune Comtesse. Adieu, ma chère
sœur, comptez toujours sur ma tendre affection et embrassez pour moi
ma chère nièce.

LETTRE CXIV.

—

LA CESSE DE LOEWENSTEIN
À
MELLE EMILIE DE WERGENTHÆIM.

Le Marquis refuse, ma chère Emilie ; lifez la lettre de mon oncle que je joins ici, et tâchez d'excufer auprès de vos amis, un refus qui ne doit avoir rien d'étonnant à leurs yeux. Je juge d'eux par mon oncle qui ne défapprouve pas le Marquis. Croyez - vous, mon Emilie, que l'attachement du Marquis à fon nom foit fon véritable motif ? je fuis tentée de le défirer, pour n'avoir pas à me reprocher d'être le principe de fon malheur, fi la fortune continue à le maltraiter, mais il a tant de justesse dans l'esprit, il est tellement supérieur aux illusions de la vanité, qu'il est bien difficile de croire qu'il ait pu mettre dans la balance la fortune, et quelques syllabes; au reste il a des espérances très-fondées d'un sort passable; son père vit, ses biens ne sont pas confisqués, et il doit lui faire passer des fonds considérables; s'il n'a pas la grande fortune qui lui était assurée sans la Révolution, il aura de quoi se soutenir honorablement, et avec son nom, de la valeur, une bonne conduite, il n'est rien à quoi il ne puisse prétendre dans un pays ou dans un autre. Puisse-t-il être heureux autant qu'il le mérite, c'est le vœu que je forme du plus profond de mon cœur, et c'est celui de tous ceux qui le connaissent; vous en conviendrez, ma chère Emilie, et l'offre que lui a faite le comte D'ERMENSTEIN en eſt la preuve. Que n'ai-je une fœur, mes parens la lui offriraient, et nous jouirions tous avec une extrême ſatisfaction de ſa ſociété. Adieu, ma chère amie.

P. S. Je rouvre ma lettre pour vous dire que le Marquis eſt venu ici, il y a une heure, et qu'il n'a parlé de rien. Ma mère a dit quelque choſe d'indirect ſur la propoſition qui lui a été faite, et il a trouvé le moyen d'éluder la réponſe, en détournant la converſation; il a porté ſur moi un regard de ſenſibilité qui m'a touchée et embarraſſée.

LETTRE CXV.

—

LA DUCHESSE DE MONTJUSTIN
AU
PRÉSIDENT DE LONGUEIL.

Vous recevrez par le courrier, Monsieur, une lettre de mon coufin, qui vous apprendra tout ce que la fortune a voulu faire en fa faveur. Il n'a tenu qu'à lui de retrouver en terre étrangère une partie des avantages qu'il a perdus, et il en fait le facrifice à une paffion qui n'eft foutenue d'aucun espoir et le domine entièrement ; la condition qui lui a été impofée de prendre le nom D'ERMENSTEIN n'eft certainement pas le motif qui a dicté son refus ; il aime, il adore la comtesse de LOEWENSTEIN, il lui serait impossible de rendre des soins à une autre femme, et le serment du mariage lui paraîtrait un parjure envers l'amour. L'estime infinie que j'ai pour la Comtesse, objet de sa malheureuse passion, m'a fait craindre quelques momens qu'elle ne fût compromise par le refus du Marquis, dont on chercherait à pénétrer les causes ; mais les préjugés de la noblesse Allemande, son entêtement des titres, et des noms antiques, ont détourné l'attention du véritable motif, et l'on approuve également et le comte D'ER-MENSTEIN qui prétend qu'on anéantisse en quelque sorte un nom pour faire vivre le sien, et le Marquis, dont le noble orgueil préfère l'indigence au sacrifice de son nom. Tous deux ont raison aux yeux qui s'extasient devant des arbres généalogiques, et cette aveugle manie dérobe la Comtesse à la malignité : je crois qu'elle n'est pas la dupe de la raison que le Marquis allègue, et qu'au fond de son cœur elle jouit d'une satisfaction qu'elle s'efforcera d'y renfermer ; mais aussi quelles doivent être ses inquiétudes en songeant à la situation du Marquis, aux privations, à la misère même qui le menacent ; l'amour peut dédommager de tout, et changer les chaumières en palais ; mais c'est l'amour heureux, et la vertu interdit à la Comtesse d'accorder la plus faible consolation. Je plains le Marquis, Monsieur, et ne lui ai point fait de reproches, il est aussi inutile de lui dire de modérer sa passion, qu'à un homme qui a la fièvre d'en réprimer les ardeurs. Ce sont des remèdes

qu'il faut chercher, et je n'en vois
pas de meilleur que de l'éloigner
de la Comtesse, et de l'arracher à
la domination d'une aussi vive passion
par l'empire de quelqu'autre profond
sentiment; vous connaissez son attachement à la monarchie, son dévoue-
ment à l'infortuné rejeton de tant
de Rois; eh bien! Monsieur, il en
faut profiter, et pour son bien et pour
celui de cette grande cause qui a
besoin de fidelles et ardens défen-
seurs. Pressez le Vicomte de . . . . .
votre ami de lui procurer de l'emploi
dans l'armée de CONDÉ; le Marquis
malgré son amour volera auprès du
digne descendant du grand CONDÉ,
et le désir de la gloire, les fatigues,
les dangers serviront de contre-poids
à la passion qui le domine; voilà,
Monsieur, suivant moi le remède le
plus efficace à employer pour notre

ami, et je vous conjure de vous en occuper promptement. Adieu, Monsieur, c'est toujours pour moi un grand plaisir que de vous renouveler l'assurance de mon tendre, ancien et éternel attachement.

Fin du tome troisième.

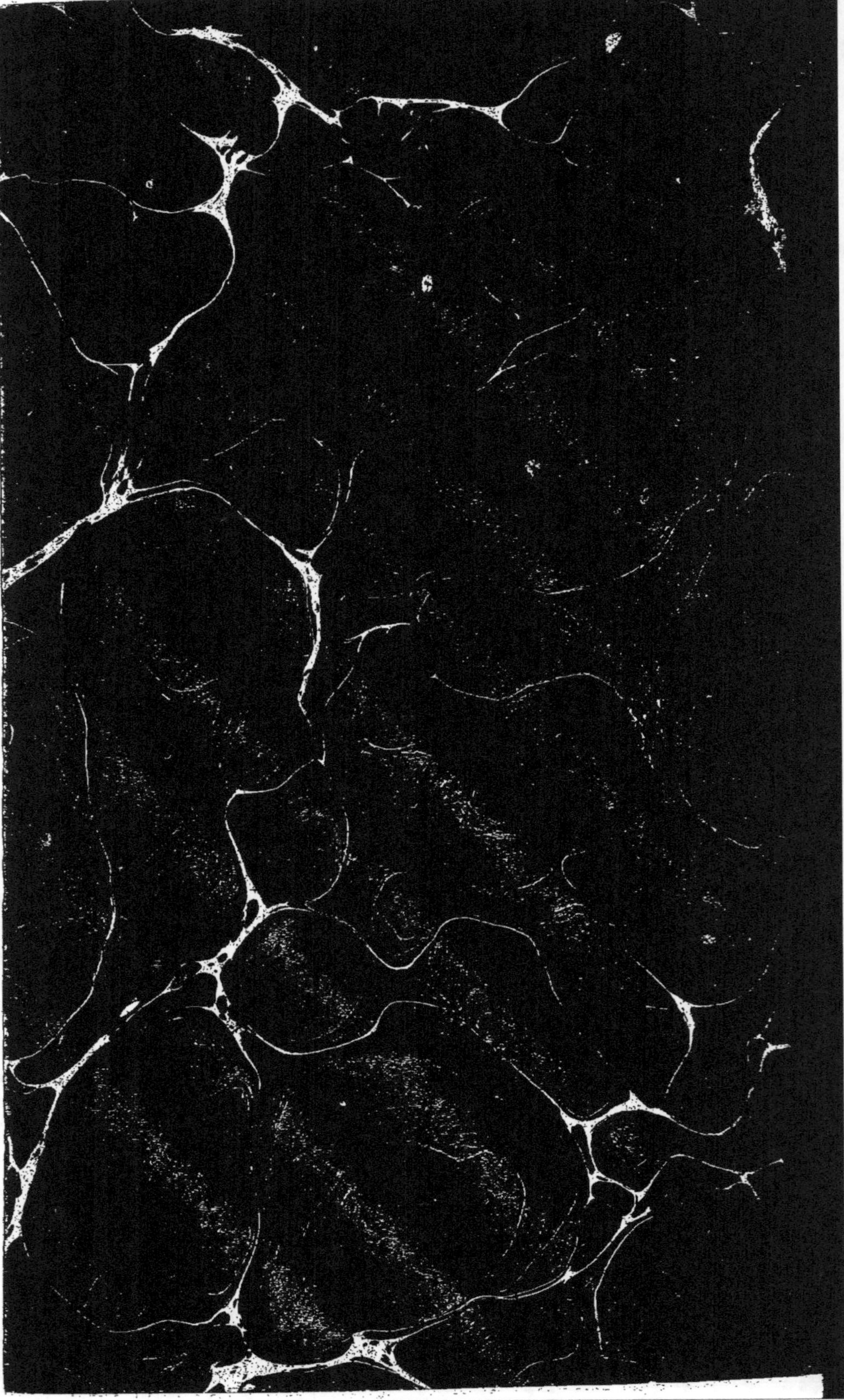

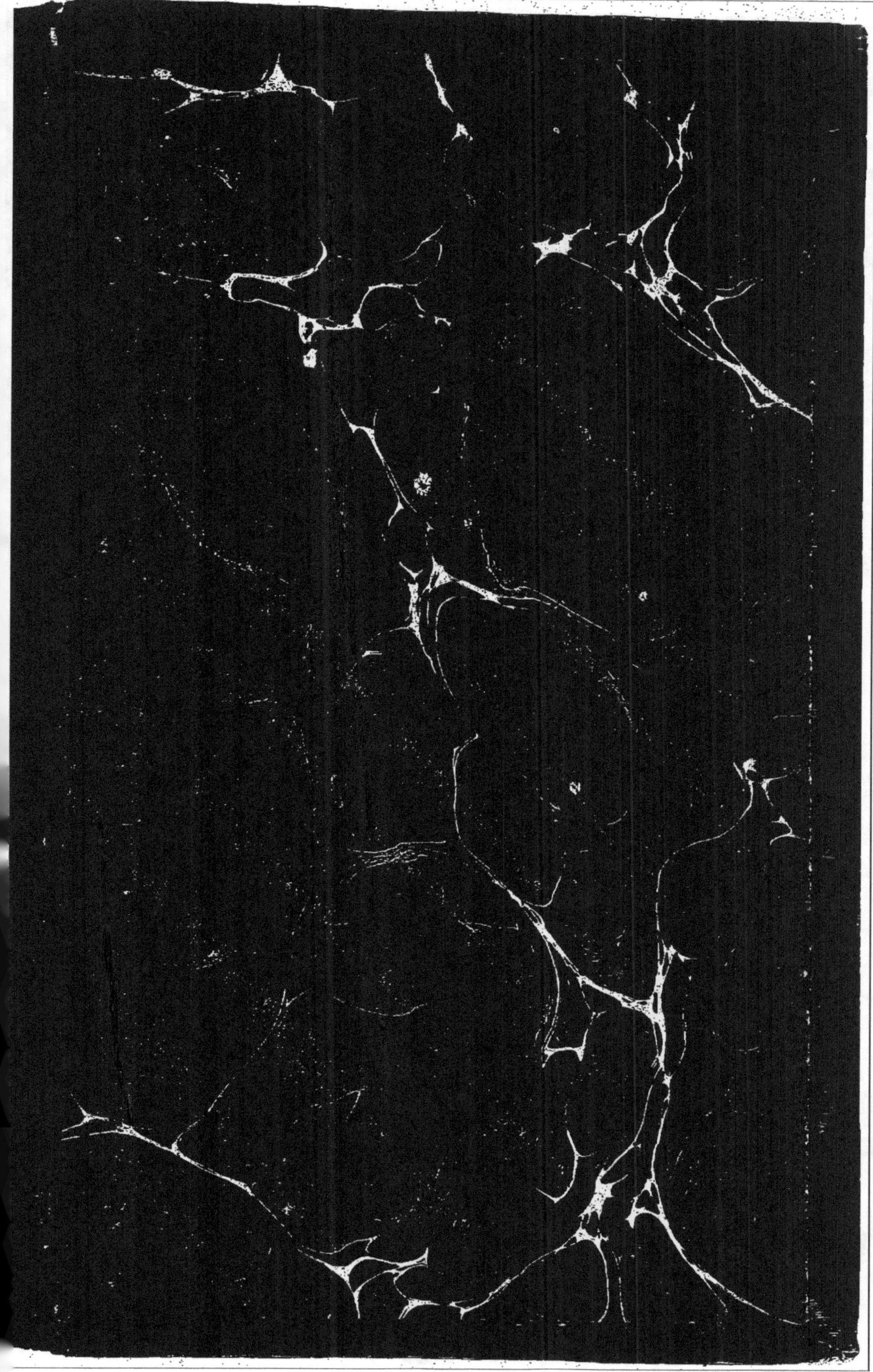

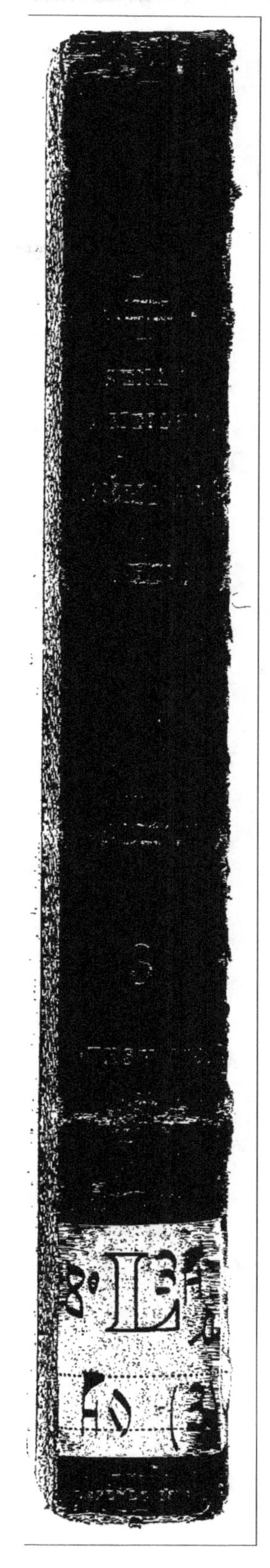